歷史是擴充心量之學

王汎森　著

目次

序

從二十世紀初以來，對於什麼是歷史，什麼不是歷史，有過相當精彩的討論。一九〇二年，當梁啟超掀起新史學革命時，反覆強調的是「自動者」才是歷史，「他動者」不是歷史。[1]另外，在〈新史學〉中，他區分「歷史學」與「天然學」，認為歷史是敘述進化之現象的，說：「何謂進化？其變化有一定之次序，生長焉，發達焉，如生物界及人間世之現象是也。」「天然學」研究的是「循環者，去而復來者也，

1 梁啟超，《中國史敘論》，《飲冰室文集》第三冊（台北：台灣中華書局，一九八三），頁一。

止而不進者也」，「天然學」是「非歷史」的。[2]在西方二十世紀的英國史家柯林伍德（R. G. Collingwood, 1889-1943）主張，凡有思想的行動是歷史的，沒有思想的便是非歷史的，所以柯林伍德有一句名言：「一切歷史都是思想的歷史。」

但是現代史學界對上述的看法已經有所不同，「自然界」是不是就一定是如梁啟超所說的今日如此，明日亦如此，而沒有歷史；歷史是不是一定是「思想的歷史」？人們對這些問題開始有了不同的想法。在Dipesh Chakrabarty（1948-）的The Climate of History: Four Theses一文中，他批評了黑格爾（G.W.F. Hegel, 1770-1831）、柯林伍德（他不知道梁啟超的說法）以降，區分「歷史的」與「自然的」觀點。他說，因以人類為主的意識過度誇大，如地貌的急遽改變、生態環境的快速變遷，使得自然界不再是「昨日如此，明日如此」，故自然也有了歷史，太過膨脹的「人定勝天」、「戡天役物」，造成自然界的變化。

近幾十年來，流行各種新史學，如「環境史」，我們可以發現過去梁啟超等人可能認為是「自然的」而「非歷史」的範疇，如今變成歷史的一部分：這種變化非常廣泛，使得歷史的範圍一步一步加寬，當我們在討論歷史與現實的關係時，也不能不正視這個變化。過去史學的一些拿手好戲，包括人物的、政治的、制度的、事件的、興衰的、國族的歷史，很不幸的，都不再是專業史家關心的重點。現代史學雖然對人物的歷史失去興趣，但失之東隅收之桑榆，史學界對無名者的歷史、過去沒有面目者的歷史、被壓抑者的歷史、過去不被注意的歷史等，有了前所未有的興趣，這是新史學的重要面目。

歷史的範圍不斷擴大，而且愈來愈包括沒有個人意志，或個人意志不直接表現在史事上的歷史。那麼傳統史學中那種宏大的鑑誡觀，或

2 梁啟超，《新史學》，《飲冰室文集》第四冊，頁七。

「歷史作為人生導師」那種在很大程度上建立在人與歷史的直接關係上的「史用學」，現在是不是失效了。本書秉持「在史中求史識」（陳寅恪）的態度，傾向於認為各種型態的歷史都可能提供我們意想不到的資糧。古人每每希望在特定的事情上得到前史的啟示，但我想強調：相對於歷史可以幫助我們在特定事情上成功，我更強調的是讀史如何提升人們整體的心智能力（「心量」）。這本小書便是試著針對這個課題所進行的一點嘗試。

這是一本「引論」性質的書，討論如何將歷史知識引到與人生發生關聯的路上。本書的內容曾先後在諸多講座中講過：如東海大學的「吳德耀人文講座」、北京大學高研院的講座、成功大學的「成功人文講座」等等，在這裡要特別謝謝這些單位。原本我有將講座內容整輯成書的義務，但我都未能交差，也都得到主辦單位的諒解。本書的簡體版，緣起自二〇一六年羅志田兄提議編寫一套叢書，如果沒有羅志田兄的提議，這本小書是決不可能寫成的。如今這本小書的完成，正是我向它們繳交成果的時候。由於本書原先是演講稿，所以未能處處詳注，希望讀者諒察。在整理成書稿的過程中，王健文教授、譚徐鋒博士、蔡錫能先生、陳昀秀女士都曾惠予協助，謹此致謝。

最後我要強調：「歷史與人生」是一道非常複雜的習題，本書中的觀點，只是其中幾個側面而已，這是不能不特別在此鄭重聲明的。

導言

我們不可能取消前一刻

歷史比小說動人，有哪位小說家能編出凱撒的故事呢？[*1]

歷史這門學問有很長遠的根源。在世界眾多民族之中，中國是特別重視歷史的民族，印度則是特別不重視歷史的民族。所以印度佛經裡面，即使講歷史，也僅是大象從水裡浮出來，背著典冊，歷史從此就開始了。但中國文化特別重視歷史，自古以來史書就非常多，連小說都要寫成像歷史的樣子，譬如《牡丹亭》，一開始就要先說宋代南安太守如何如何。

西方不像中國那麼重視，但也不像印度那樣輕視歷史，不過希臘、羅馬以來的史學，與中國正史的寫作風格不太一樣。

捷克漢學家普實克（Jaroslav Průšek, 1906-1980）曾提到過，西方史學的書寫方式受史詩的影響，故其歷史敘述，從開始便好似有一條線索將眾史實綰合在一起，形成像一條高度同質的史實大河（a homogeneous stream）。[2]中國正史的書寫方式區分為本紀、世家、書、表、列傳，就好像一個一個不同的格子，貯存著不同的歷史，形成種種的「格套」。普實克在這篇文章中是想為中國歷史辯護，認為它們比希臘、羅馬的史學高明。事實上是否如此，則是見仁見智。

早期美索不達米亞文化中「預言」與「歷史」是一對孿生兄弟，而且這兩個工作經常是同一批人在掌握。美索不達米亞的卜辭是預言未來的「參考資料庫」，愈詳細愈好，好像法官判案時，所根據的判例愈完整、愈詳細愈好。但這是一種以「徵象」的重複性來決定未來可能怎樣，譬如，如果雞的內臟是這樣，那國王已經攻下城池了；如果是那

1 * 這是我改寫自Margaret MacMillan, *The Use and Abuse of History* (London: Profile Books Ltd., 2009) 的句子。

2 Jaroslav Průšek, *Chinese History and Literature: Collection of Studies* (Dordrecht: Reidel, 1970), p. 23.

樣，則國王正在攻城。[3]我個人以為，殷墟卜辭儲存成倉庫，且似有人看守，卜辭的文句又與《春秋》甚為相近，恐怕也反映了「預言」與「歷史」的一體性。如果讀史可以擴充心量，那麼一如美索不達米亞卜辭庫的豐富規模，或如大數據的樣本數，則掌握「或然率」的比例較高，也就比較容易把握「未來」。

本書討論的不是「史學研究」，而是「歷史與人生」這個嚴肅的主題。當我投入歷史這個行業時，歷史與現實、歷史與人生的關係，似乎還比較容易回答，但後來史學與現實俱變，使得這個問題變得愈來愈難回答。

我想先檢視三種很有影響力的觀點。第一、尼采（F. W. Nietzsche, 1844-1900）曾經用異常凶悍的筆調寫過一本小冊子《歷史對於人生的利弊》（*The Use and Abuse of History*），他用了許多尖刻的話來形容「歷史的疾病」，意思是人們如果讀了太多歷史，會被過度的「歷史重負」壓得直不起身子來，變成早熟灰暗的青年，這種病的解藥是「破歷史」與「超歷史」。尼采認為只有服務於人生的歷史才是真正的歷史，文明的包袱越少越好，他抗議學習太多的歷史只是加重人身上的負擔。[4]第二、因為許多史家刻意迎合當代的需求（如國族認同）或當代的渴望，寫出來的歷史變成了現代社會的翻版。就像在一個情報局中，情報員所收集的材料太想迎合局長的偏好，以致所搜集的情報變得毫無用處，歷史成了「活人在死人身上玩弄詭計」。第三、人類始終有一種古老的期望，希望能夠藉由閱讀歷史獲得像占星家般預測未來的能力。近代史學的發展雖然早已擺脫這種思維，但是一般的歷史閱聽者卻仍然

---

[3] Francois Hartog, "The Invention of History: the Pre-history of a Concept from Homer to Herodotus," *History and Theory* 39:3 (10. 2000), pp. 384-395.

[4] 尼采著，姚可昆譯，《歷史對於人生的利弊》（北京：商務印書館，一九九八），頁三—六、八—一一。

渴切地想找到這方面的指引。事實上，人類世界與自然世界最大的不同而又同樣精采之處，即在於其無限可能性及不可定律性。當人們模糊地感覺到他們已經走到一個盡頭，變不出什麼新花樣時，下一代人卻馬上翻新出奇、另進一境。人的無限性、複雜性及創造性即展現在這些地方，所以歷史中不可能有像地心引力那般精確的規律。

英國史家亨利・巴克爾（Henry Buckle, 1821-1862）的《英國文明史》（*History of Civilization in England*），曾經試著導出一些規律，即當氣候、物質條件變化時，人的出生率、自殺率、離婚率會呈現何種變化；巴克爾曾經風靡一時，可是後來漸漸被拋棄，可見要在歷史中建立某種定律是近乎不可能的。話說回來，雖然牛頓從蘋果落地悟出地心引力的規律，卻不能預測蘋果將於何時掉落。

此外，在現代的史學研究中，歷史不但沒有規律也不會重演，人們認為過去歷史有現實用處時，常有一個不言自明的假設即歷史會重演。

例如一九三六年，陳登原寫過一本小書《歷史之重演》[5]，用許多古往今來的事例，說明歷史會重演。但是如果我們仔細玩味書中所舉的大大小小事例，會發現有許多在今天看來是荒謬無稽，或勉強之至的事，書中從古今事例中歸納出種種的「例」，大多是令人不安的。尤其是當人類生活的改變一日千里，硬性意義下的「重演」也就更不可能，使得要從過去事件中推出可用的教訓，變得愈來愈難，所以「過去」與「現在」之間的關係變得愈來愈稀薄。

所以有不少人直接宣揚「歷史無用」論。一九六九年，約翰・普朗博（J.H. Plumb, 1911-2001）的一本小書*The Death of the Past*，便宣稱歷史的死亡，主要是說學院化的歷史不再有任何現實的用處。作家吳爾芙（Virginia Woolf, 1882-1941）說：「找史學家來幫忙總是一件不幸的

---

5 陳登原，《歷史之重演》（上海：商務印書館，一九三七）。

事」、「那些愚蠢可笑的歷史學家」。[6]芭芭拉・塔克曼（Barbara W. Tuchman, 1912-1989）便以她引用歷史研究西班牙內戰的發展的著作為例，說明歷史幾乎沒有辦法直接地預測未來。[7]

回顧過去，近一個世紀的史學發展，人們經常感到：專業史學的進步與歷史對日常人生的導引往往形成反比。何以歷史變得沒有明顯的用處，我認為有兩部分的原因：一、傳統史學以及近百年來史學的典範逐漸失去籠罩力；二、當代史學發展中的若干層面，把歷史與人生拉得愈來愈遠。相較於傳統派史學或左派史學因為明火執杖地鼓吹某些價值或指出未來的方向，現代專業史家恐怕需要從一個全新的角度重新思考一些被丟掉將近一個世紀的老課題——歷史對人格的培養、對價值及方向的引導、對治亂興衰的鑑誡作用等。

但是，歷史就歸於無用了嗎？事實上，傳統史學強調「以史為鑑」，歷史的功能以及歷史與人生、現實之間的關係是不言自明的，但是在客觀考證史學興起之後，它變成了一道難以解決的課題。然而，人注定是歷史的動物，人之所以為人在於他雖不能取消前一刻，卻能超越前一刻，否則孔子、孟子等人的出現便不能完全解釋了，甚至於家族中六百年來沒有人中過任何科名的曾國藩，也沒有辦法完全解釋了。人即使能超越前一刻，也還是活在整個古往今來的歷史之中，所以在超越前一刻之前，仍然得好好了解前一刻，就像看電影不能只看最後那一幕，也不能滿眼只是現在。所以，了解「歷史」與「人生」、「歷史」與

6 "It is always a misfortune to have to call in the services of any historian." "Bloody fools, these historians." David Hackett Fisher "The Importance of Thinking Historically" in Stephen Vaughn ed., *The Vital Past: Writings on the Use of History* (Athens: University of Georgia Press, 1985) , p. 387.

7 Barbara W. Tuchman, "Is History a Guide to the Future," in Stephen Vaughn ed., *The Vital Past: Writings on the Use of History*, pp. 296-301.

「現實」是一道不可能推卻的習題。

為了對應上述的悲觀論調，我想提出「歷史是擴充心量之學」的觀點。為什麼說讀史可以擴充「心量」？譬如說看到歷史上偉大人物的成就，因而希望向他看齊，不以眼前的自己為滿足，希望達到一個更遠大的人生目標，即是以史來擴充「心量」。譬如說藉著讀史不斷地積貯內心中的資糧，使得思考、應事時有更多憑藉，即是以史來擴充「心量」。也就是說把人的內在世界想像成是一個空間，平日就不斷地開拓它、充實它，使它日漸廣大，不至於心量淺陋，甚至收縮成一道扁平的細縫。

如果把歷史作為擴充（既擴又充）「心量」的資糧，自然而然便有「用」在其中。我們要積貯各種知識、經驗來擴充「心量」，積貯的內容可以是各式各樣，而歷史知識是其中很重要的一部分。一個心量廣闊充實的人，立身、應事，志量視野都比較寬大，而且因為資源豐富，便自然而然地得到用處。如果心量過狹或心中沒有積貯，即使是天資非常高的人，其深度、廣度都很有限，只能靠著一些天生的小聰明（street smart）來應事。

第一章

日常生活中的「歷史思考」

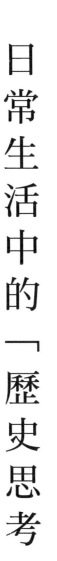

「未來」的不透明性

以下我們要試著從比較有跡可循的部分討論歷史對現實可能的益處。首先要談「未來」的不透明性。我在〈中國近代思想中的「未來」〉[1]一文中曾對近代中國思想史中所認為的「未來」樣態進行過論述，尤其是在「社會發展規律」影響下，「未來」變得更為明確。「社會發展規律」曾經受到各方面的攻擊，卡爾．巴柏《歷史定命主義的謬誤》及以賽亞．柏林的《歷史的不可避免性》都是。然而，「未來」真的是確定的嗎？幾十年前，我所看過的一篇漫畫中，想像未來送信最快的方式是一架直升機停在每家門口，沒想到後來竟然出現了E-mail。

「未來」是沒有地圖的旅程，譬如「新冠病毒」初起時，CNN有名的一段話是Nobody knows what's happening。一九五一年，哲學家邁克爾・奧克肖特（Michael Oakeshott, 1901-1990）曾經有一段名言：「當人在從事政治行為時，就彷彿在一個無垠無界、深邃無底的海洋上航行。在此海上既無港灣以資屏蔽，亦無淺灘可供下錨；航行既無起點更無目的。一切所努力者僅求平穩地漂浮著。這海不但是朋友，亦是敵人；而此際航行的要領乃在於利用我們所享有的傳統中所蘊含的資源與啟示，來克服每一個驚懼危疑的時刻。」[2]「未來」是在一個無垠無界、深邃無底的海洋上航行，即使是擁有全世界最強的情報及資訊系統的美國總統川普，在新冠肺炎疫情開始時的認知、決定，也像是一隻胡

---

1 王汎森，〈中國近代思想中的「未來」〉，收入方維規主編，《思想與方法：近代中國的文化政治與知識建構》（北京：北京大學出版社，二〇一五），頁五—二一。

2 原文見Michael Oakeshott, "Political Education" in *Rationalism in Politics and Other Essays* (London, Methuen, 1962), p. 127.此處中譯參考陳思賢著，《西洋政治思想史・近代英國篇》（台北：五南圖書出版公司，二〇〇八），頁一〇九。

亂擺盪的風向雞，或是一艘儀表板全都壞了的海上孤舟。他一開始一再強調這只是像一般流行性感冒一樣，不用驚慌，之後每天一變。ＢＢＣ（二〇二〇年四月三日）便整理出一個影片告訴世人，川普多像一葉航向茫茫大海的孤舟。

奧克肖特也說如果以自然科學的方式來衡量，史學是無用的。現代人因為受到自然科學與社會科學的影響，認為有用的知識要帶有「律則」（law）的性質，但是如果人們在茫無所知的未來中，想要擁有一些「資源」與「暗示」（implication）或「線索」，則非求助歷史不可，如奧克肖特所說：「政治就是追尋傳統中的暗示。」[3]克勞塞維茲（Carl Philipp Gottfried von Clausewitz, 1780-1831）曾表示，戰爭是一個非線性的行為，故能預測的部分是有限的，但這並不表示人們不可藉由對歷史的了解，而對千變萬化的戰場實況得到某些預示。歷史雖不重複自己，但不表示不會有類似的情景發生。[4]不是「要」如何，而是

「可能」如何；不是「應該怎麼做」，而是「可以怎麼做」。卡爾（E. H. Carr, 1892-1982）在《歷史是什麼》中提到當時史學並不熱心「規律」，因此也不認為可以準確「預言」特定事件，但他仍認為可以預言「普遍」的可能性。[5]

讀史有許多好處：我在電視節目裡看過一個印度小孩願意拿十條魚買一個故事，就是因為故事有趣。故事所涵帶的智慧、情感、美感不一定都是立即有用的，但它們像是空氣般到處都是，好像沒什麼，但人沒

---

3 Michael Oakeshott, "Political Education," p. 127.

4 Colin S. Gray, "Clausewitz, History, and the Future Strategic World" in Williamson Murray, Richard H. Sinnreich eds., *The Past as Prologue: The Importance of History to the Military Profession* (NY: Cambridge University Press, 2006), p. 111.

5 E．H．卡爾著，陳恒譯，《歷史是什麼》（北京：商務印書館，二〇一〇），頁一五二。

有空氣是活不下去的。聽交響樂有什麼用？實際上可能沒有，但同一首曲子一遍一遍地聽，就會產生陶冶人生的一種樂趣。希臘哲人畢達哥拉斯說道德是可以教的，他認為教導的方法有兩種，一種是用系統的哲學來教導，一種是告訴你歷史故事。最後他選擇了後者，因為歷史比哲學概念更容易教導一個人的道德。可見自古以來有許多人認為，在人的養成教育上，具體的歷史比抽象的哲學更有用。一位現代的中國文人說得好，經書只是一些「準提咒」，歷史才是「孽鏡臺」，前者只是幾句簡單的咒語，而後者是地府的一面石鏡，可以照出人們生前所做各種惡事——也就是說歷史能幫我們「照出」人類世界的前因後果。6

歷史也幫助人們塑造根源感、社群認同感、一體感。人類與動物之不同是人類有根源感，譬如孤兒或被領養的小孩想知道自己的身世，這都是一個人立身處世所不能沒有的根源感。思古幽情也幾乎是人類不可或缺的感情。人們為何要千里迢迢地去看陽關？因為陽關的歷史使得這片黃土有了無比的情意，「歷史」給「地理」染上了顏色，這是歷史的「點染」作用。

一九三三年，楊絳（一九一一－二〇一六）因家人介紹與錢穆（一八九五－一九九〇）同車從蘇州去北京時，經過許多古戰場。楊絳回憶火車過了蚌埠後，窗外一片荒涼，沒有山，沒有水，沒有樹，沒有莊稼，沒有房屋，只是綿延起伏的大土墩子。火車走了好久好久，窗外景色不改。我歎氣說：「這段路最乏味了。」賓四先生說：「此古戰場也。」經他這麼一說，歷史給地理染上了顏色，眼前的景物頓時改觀。我對綿延多少里的土墩子發生了很大的興趣。賓四先生對我講，哪裡可以安營（忘了是高處還是低處），哪軍可以衝殺。儘管戰死的老百姓朽

6 庾持，〈四庫瑣話〉，收入周越然等著，《蠹魚篇》（瀋陽：遼寧教育出版社，一九九八），頁一一五。按，「庾持」係筆名，即黃裳（容鼎昌，一九一九－二〇一二）。

骨已枯、磷火都曬乾了，我還不免油然起了弔古之情，直到「蔚然而深秀」的琅琊山在望，才離開這片遼闊的「古戰場」。」[7]日本人在餐廳吃一塊羊羹時，為什麼要強調那是川端康成（一八九九—一九七二）吃過的？為什麼到巴黎的人，會想到沙特（Jean-Paul Sartre, 1905-1980）常去的花神咖啡廳（Caffé Florian）喝上一杯？歷史的點染，使得人們對周圍的情境產生了情感與樂趣，這些情感與樂趣能幫助煩悶、憂鬱的人，也可能因一卷史書、一首古詩、一首音樂等等，幫人從深淵中解脫。我一向主張「無用之用，是為大用」，美感的分享，歷史的講述，可能決定人生的一段緣分，也可能拉近兩個陌生的商人而成就一筆生意。

除了前述種種之外，歷史同時記錄下偉大的事跡，榮耀眾英雄，使得人們永遠記得他們。當然這也包括記錄惡劣、懦弱的行跡，使得人們永遠譴責他們。人們受益於歷史的方式還非常多，有時候是受一個故事啟發、一些人物的典型，一些胸懷、一些規模、一些感受、一些觀看思考的架構與方式；或者是因著遺物、古跡、遺址，而產生思古之幽情，或與古人一體的感覺、一種認同的能力。

古希臘悲劇有淨化人心的作用，讀史亦然，歷史中的事例使我們意識到內心底層潛伏的思緒，藉由歷史故事而向外疏導。它也幫助人們形成「自我的了解」（self-understanding），一如戲劇家阿鐸（Antonin Artaud, 1896-1048）說：「它逼使人正視真實的自我，撕下面具；揭發謊言、怯懦、卑鄙、虛偽。它撼動物質令人窒息的惰性，這惰性已滲入感官最清明的層次。它讓群眾知道它黑暗的、隱伏的力量，促使他們

7 楊絳，〈車過古戰場——追憶與錢穆先生同行赴京〉，《雜憶與雜寫》（北京：生活·讀書·新知三聯書店，一九九九），頁九六—九七。

以高超的、英雄式的姿態面對命運。」[8]我們的內心是一個共鳴箱，歷史撩撥琴弦，人們想看電影，想看故事，即如想看史書。個人常在讀史中生起莊嚴、悲涼的感覺，一如聽古典音樂，一方面激發情感，一方面淨化內心世界。人們內心像一萬盞燈，沒有相應的外在促緣（開關——電力），不能加以開啟，而歷史是開啟的動力之一。

當然，對於一般人而言，歷史知識更為重要的是充實、求知、享受快樂、美感、教養、陶冶、認同、情感（來源感、一體感等）。這些是常識，也是人們日常生活中隨處感受得到的。

軟、硬律則

有相當長的時間，東西方史學都傾向於認為歷史有規律，而規律可以指導現在與未來。但我認為規律有「硬性」與「軟性」等各種型式，不能一概而論。另外一個重要面向，歷史是人在時間之流中行動的軌跡，所以歷史不但有跡可循，而且具有豐富的現實意義。這兩大信念，曾經有力地連結著歷史與現實、歷史與人生。我曾抽樣性地查閱《近九十年史學理論要籍提要》[9]，其中介紹了近百年來中西史學理論，而上

8 翁托南・阿鐸（Antonin Artaud）著，劉俐譯注，《劇場及其複象：阿鐸戲劇文集》（台北：聯經出版公司，二〇〇三），頁三〇。

9 劉澤華主編，《近九十年史學理論要籍提要》（北京：書目文獻出版社，一九九一）。

述兩個特質，溺沒在大部分該書所收的史學理論中。尤其在晚清以來的中國，「文明史」、「進化」、「公例」、「規律」俯拾皆是，而「進化」、「公例」、「規律」多少都帶有某種或強或弱的暗示：「讀史可以告知我們下一步怎麼走」的意味。

近世西方史學也出現各種不同型式的「規律」或類似的律則性，譬如席捲一時的巴克爾，他認為由社會、物質、人口等條件的綜合計算，可以算出自殺率、離婚率等。二十世紀中葉，引起世界史壇重視的史家湯恩比（Arnold Toynbee, 1889-1975）在《歷史研究》（*A Study of History*）中提出許多律則性、「挑戰與回應」等，當時便有人嘲諷說他在提倡一種「歷史占星術」。

五十多年前，通俗史家威爾·杜蘭（Will Durant,1885-1981）寫了十幾冊《世界文明史》，後來他還著手寫了《歷史的教訓》（*The Lessons of History*）試著找出歷史的某些定律，其中有些說法在我看來仍值得再三致意。譬如「歷史教我們文明是合作的產物，所有民族都有貢獻」，或說「抗拒改變的保守者和提倡改變的激進者一樣重要」。但是其中也有一些在今天看來頗覺不合時宜的，如「道德解放，不全是壞事」、「史證顯示：好政府不民主」、「戰爭是歷史常態，和平不是」、「人類的罪惡可能是人類興趣的遺跡，而非人類墮落的污點」、「誰生育率高，誰就寫歷史」。還有，對「一定如何如何」的史學思維一直到幾十年前都沒有什麼變。一九六四年史家Plumb在《人文學科的危機》（*Crisis in the Humanities*）一書中講到歷史的危機時說，寄望歷史學家如果能更好地找出定律，即可解除危機。[10]

我將「律則」做了若干區分：「強律則」、「弱律則」；「大律

10 J. H. Plumb, "The Historian's Dilemma" in J. H. Plumb ed., *Crisis in the Humanities* (Baltimore: Penguin Books, 1964), pp. 24 -44.

則」、「小律則」等的分別。譬如馬克思的社會發展「五階段論」是強律則，梁啟超早年崇尚歷史中的「公例」，也可以說是強律則的信崇者，到後來，他放棄了「公例」史觀，主張讀歷史可以「觀大較」。[11]這裡所謂的「大較」，即是一些trend、pattern。歷史上隨著某些史事的發展，每每會形成一些「大較」，譬如在納粹開始威脅到歐洲時，英國政壇有兩派意見，一派是「綏靖」政策，但邱吉爾則從英國歷史，尤其是他的先人馬爾伯羅公爵（John Churchill, 1st Duke of Marlborough）當年對法國的經驗，認為應該實行「大聯合」（grand alliance），聯合歐洲的國家以對抗希特勒。[12]又如征俄，西方歷史上不斷有人警告過這件事，後來拿破崙征俄失敗，而希特勒不顧這一個先例，再度征俄，同樣慘敗。這許許多多的例子可以說明歷史中有一些「大較」、「大勢」。社會科學中，也有許多「律則」或「模式」，此處不贅。

歷史的確有一些「軟性的律則」，譬如但凡暴虐之政最後終歸滅亡。史崔爾（Joseph R. Strayer, 1904-1987）教授是美國有名的西洋中古史家，任教於普林斯頓大學，美國中情局局長杜勒斯（Allen Welsh Dulles, 1893-1969）則是普大的學生。冷戰時期，杜勒斯常請史崔爾到華盛頓去判讀美蘇對峙時收集到的零碎情報。為什麼要找中古史家去判讀呢？因為杜勒斯認為中古史家最有能力拼湊這些零碎的資料，然後得到一個大致的輪廓。史崔爾教授判讀這些情報後，曾大膽推測俄國會在第三或第四代的領導人時垮臺。史崔爾的學生Norman F. Cantor（1929-2004）曾說，美國當時有許多政治分析家都認為俄國猶如鐵桶一般的穩固，只有史崔爾教授透過零碎情報的判讀，認為像俄國這樣集權帝

11 梁啟超，〈歷史統計學〉，《史地學報》二：二（一九二三），頁一—八。

12 J. H. Plumb, "The Historian's Dilemma" in J. H. Plumb ed., *Crisis in the Humanities*, pp. 24-44.

國，相信人的能力可以那麼高度地計畫一切，可能會在第四代領導人手中開始衰弱。後來我逐漸了解，史崔爾的判斷似乎是來自阿拉伯史家伊本·卡東（Ibn Khaldun, 1332-1406）。卡東認為集權帝國通常從第四代領導人開始沒落，第一代領導人知道為什麼並曉得要保持能創造光榮的工作水準，並努力維持。兒子輩因為有親手接觸，故從父親那裡學來一手本事。第三代靠模仿維繫著所謂的「傳統」。第四代則不如前面幾代，他們不再具有支撐光榮的品質，而且他們不再想像這一切是因為努力而得來，而認為從一開始就因為他們具有宗族血統。由後來蘇聯的崩潰，可以看出杜勒斯請一位世界知名的中古史家來判讀蘇聯的情報，是有道理的。[13]正如*Modern Strategy*的作者Colin S. Gray（1943-2020），後來後悔在書名上用modern一字，因為strategy是指過去如此，現在如此，未來也大致如此的。[14]

在中國，五四之後左派史學帶來了一種剛性的「歷史發展定律」

觀，它的影響力是不可輕估的。從社會發展史中所推出的規律為人們指出一條道路，當時人常見的說法是跟著「歷史的輪子前進」，其餘的便不勞操心了。「社會發展規律」是一個「大小總滙」，為宇宙、人生、政治等等發展提供定律，「歷史」與「人生」藉由「律則」密切地綰合在一起。郭沫若《十批判書》[15]「後記」的一段話說：「尤其辯證唯物論給了我精神上的啟蒙，我從學習了使用這個鑰匙，才認真把人生和學問上的無門關

---

13 Norman F. Cantor, *Inventing the Middle Ages: The Lives, Works, and Ideas of the Great Medievalists of the Twentieth Century* (NY: William Morrow and Company, 1991), pp. 261-262.

14 Colin S. Gray, "Clausewitz, History, and the Future Strategic World" in Williamson Murray, Richard H. Sinnreich eds.,*The Past as Prologue: The Importance of History to the Military Profession* (Cambridge University Press, 2006), p. 115.

15 郭沫若，《十批判書》（上海：群眾出版社，一九四七），頁四〇八。

參破了。」清朝的廢帝溥儀也在他的自傳《我的前半生》中說，在「改造」的過程中「社會發展規律」使他如獲至寶，解決了他的困惑及困擾。他說：「我從這裡看到什麼叫歷史，什麼叫進化，什麼叫道德，什麼叫學問，以及中國近百年來失地賠款喪權辱國是什麼原因，等等；與過去聽到的解釋完全不同。有的地方，引起我的懷疑，有的地方又叫我恐懼，有的又令我折服，有的我又似懂非懂。但無論如何，在那些書籍和文件中，總有一個思想抓住了我，這就是承認一切事物的發展變化，有它自己的道理；事情做對做錯的標準，就在於符合還是違背這個法則，而這個法則，人是可以了解它的。這也就是所長經常和我們說的：人是可以認識發展的規律的。」[16]隨著主義時代的沒落，上述這種「律則」觀亦逐漸褪色。

當「社會發展規律」流行起來之時，歷史學主流的「歷史考證學派」拒絕接受任何形式的「歷史規律」。傅斯年在〈閑談歷史教科書〉的文章中宣稱：歷史是一種人學，但歷史是沒有規律的。他說：「歷史上件件事都是單體的，本無所謂則與例」、「人物只得一個一個的敘說……行動只得一件一件的敘說」、「因果是談不定的」，一切史事都是個別的，沒有因果定律或例則之類的東西。[17]「歷史考證學派」的宗旨與德國的「歷史主義」（historicism）有相近之處，它擁有與德國歷史主義相近的若干特色，「所有那些一度看似堅固無比的規範，現在卻似乎被關於歷史和社會科學研究掃地出門了，而歷史自身開始顯現得像是一道沒有意義或道德價值的水流。」[18]在這個架構下，「歷史」與「人生」之間的關係漸漸脫鉤、遠離。

16 溥儀，《我的前半生》（北京：群眾出版社，二〇〇七），頁四三五。

17 傅斯年，〈閑談歷史教科書〉，《教與學》第一卷第四期，一九三五年十月一日。

18 格奧爾格·G·伊格爾斯著，彭剛、顧杭譯，《德國的歷史觀》（南京：譯林出版社，二〇〇六），頁二三九。

卡爾在《歷史是什麼》（*What is History*）中專門討論了「規律」的問題，他說政治經濟學家似乎獲得了格雷欣法則、亞當．斯密的市場法則，「伯克（Burke）求諸於『商業法則，這是自然的法則，從而也是上帝的法則』。馬爾薩斯提出了人口理論；拉薩爾（Lassalle）提出了工資鐵律；馬克思在《資本論》序言中聲稱已經發現『現代社會運動的經濟規律』。巴克爾（Henry Buckle）在他的《文明史》（*History of Civilization in England*）結束語中表達了這樣的信念：人類事務的進程中『滲透著一條輝煌的原則，這是一條普遍的、不會迷失方向的原則』。」[19]在卡爾上面所列舉的「規律」中，有一些人們還多少在沿用著，但像巴克爾在《英國文明史》中所說的那些規律，如人口、糧食、自殺率或結婚率的關係；或是德國卡爾．蘭普雷希特（Karl Lamprecht, 1856-1916）的社會心理研究認為歷史有規律，條件相同時，事情一定會照樣發生，基本上已經沒有人相信了，而且正如杜斯妥也夫斯基不無嘲諷地講的，即使有規律，人們也會破壞它，使歷史不照著規律走。

歷史之作用是「察知」，是「意會」到可以如何，而不是「應該」如何，它只給人們一些提示，但絕不給明確的答案。有時是思維的方式或思考某事件可能發展的範圍，或是某種思考架構的導引；有時是一種心靈或思考的框架，或是某種情境下的可能性，甚至只是一種氣氛、情緒，一種情懷的激勵，一種遠景。「意會」二字是很有深意的，像伯格森（H.Bergson,1859-1941）所說的「感官與料」（sense data）：「那些保存在記憶裡的有實用價值的意象，都滲入當前的感官與資料之中，不斷地增加堆積，如雪球之滾成一大團，所以當前的知覺能夠迅速、簡便、完整、豐富而有意義。」[20]為了評斷現

19 E．H．卡爾著，陳恒譯，《歷史是什麼》，頁一五二。

20 賀麟，〈亨利．柏格森〉，《現代西方哲學講演集》（上海：上海人民出版社，二〇一二），頁三八。

在、理解其意義，人在有意無意之間必須與歷史上相似的事件作配擬，歷史像糖果一樣化開溶合在現在的事勢中。按照純經驗主義者，如大衛・休謨（David Hume, 1711-1776）的立場，知識是不可能指涉（refer）未來的。我們不應假設我們確定明天太陽會從東邊升起，所以沒有人事的律則（law），也沒有必然性（necessity）。但是與休謨相對立的「常識派」認為，人類過去的經驗會建構我們知識的或然性（probability），在「或然率」或「可能性知識」方面，即使是很微小也有意義。

在討論歷史對於人生的可能用處時，我想借用克勞塞維茲討論戰史與戰爭的框架，他將之區分了六個層級：「律則」、「指導」、「範例」、「相似性」、「連續性」、「可對比性」。[21]我傾向於將克勞塞維茲的框架分成兩組：一組是「律則、指導」，一組是「範例、相似性、連續性、可對比性」，使得在「未來」這個沒有地圖的旅程中，可以得到一些指引。譬如路易十八、拿破崙、日本都過度膨脹，導致其下場幾乎都是一樣的。如清代小讀書人趙鈞在日記中寫下：「余觀史冊，見有一人壞國，而天下均被其患，至有耳不堪聞者。譬如不戒於火，其初僅一星耳，不力加撲滅，延燒莫制」，[22]他的觀察也近乎規律。歷史上橫暴、荒淫之君臣，最後下場也大多是相似的，這些幾乎可以想成是「律則」。這一類的例子不勝枚舉，社會科學中便不乏這方面的例證，而熟讀歷史的人從紛繁萬狀的史事中多少也可以感知到一些近乎律則的東西。

---

21 Colin S. Gray, "Clausewitz, History, and the Future Strategic World" in Williamson Murray, Richard H. Sinnreich eds., *The Past as Prologue: The Importance of History to the Military Profession*, pp. 130-132.

22 溫州市圖書館編、陳偉玲整理，《趙鈞日記》上冊（北京：中華書局，二〇一八），頁五五九。

譬如為了現實的利害考量，對立雙方往往會犧牲原先的公義。美國歷史學者David Blight在*Race and Reunion: The Civil War in American Memory*（Harvard University Press, 2001）中，歷述了南北戰爭為了黑人人權造成的劇烈衝突，但是最後為了現實的經濟問題，只好模糊化，或讓渡黑人人權，換取南北合作。[23]這種事情模式在歷史上屢見不鮮，幾乎成了「律則」。當我們參觀波士頓Salem城獵女巫的歷史時，馬上會得到一種省思：歷史上，當社會緊張或衝突時，便有尋找代罪羔羊之可能，如納粹之於猶太人，如麥卡錫主義之於共產黨，如川普上任後對於南美偷渡移民的做法，與某些特定歷史環境中人們為了塑造團結意識，急著在人群中尋找「代罪羔羊」一樣。

德國概念史家柯塞雷克（Reinhart Koselleck, 1923-2006）強調歷史百分之五十會重演，所以他有一套「可能的歷史」（possible history）的理論。這個理論有點複雜，此處無法詳說，他的意思是在歷史發展的過程中大致有一些基本元件、型式。而我們可以由這些元件、型式看出「可能」產生的歷史。柯塞雷克認為法國大革命之後「歷史主義」興起，「歷史主義」視所有史學為單個的、一次性的，所以人們沒辦法從單個、一次性的史事中習得什麼，故歷史擺脫了人生導師的角色。但他強調可以找到歷史的「重複性結構」（repetition of structure）。因為要預測未來，故要掌握歷史事象中「重複性結構」的部分，且必須靠「重複性結構」的部分做預期規劃與決定（What must be anticipated is the anticipation of possible repetition）。我們沒辦法預測特定的事件如何發生，但可以「觀察種種事件可能發生的範圍」

---

23 David Blight, *Race and Reunion: The Civil War in American Memory* (Boston: Harvard University Press, 2000), pp. 381-390.

（surveys the scopes of possibility of events）。[24]

我們可以換一個理論來思考此事，即我們沒辦法預測個別的事件，我們沒辦法預測九一一恐怖攻擊之後，布希總統下一步要做什麼？但是可以從架構上看出，美國大概會如何對付恐怖主義。法國年鑑學派的大師布勞岱爾（Fernand Braudel, 1902-1985）提出「長時段」（longue durée）、「中時段」（conjuncture）、「事件」（event）三種時間，他認為「長時段」最有價值，這個區分被許多人所繼承，包括德國當代概念史大師柯塞雷克也經常區分三種時間：「長程」、「中程」、「短程」，而且認為人類每一刻都處在這三種時間的交織中。他們都認為歷史中有三種預先設定的元素，使得「可能的歷史」得以成立，幫助人們掌握歷史。

在這裡我要以一九四九年國民政府的潰敗為例說明。我一向認為國民黨長期以來在與政權息息相關的三個要素——青年、思想（主義）、媒體（輿論）——其實都處於劣勢，這可以說是「長時段」或結構層面的潰敗，「中時段」則可以說是對日戰爭中嚴重的消耗及消長。至於「事件」方面，譬如馬歇爾、杜魯門等放棄對蔣介石的支持，或是像吳石、劉斐等共諜竊取重要的作戰計畫，造成國府軍隊的潰敗。這三者不停地交互為用，把其中任何一個環節誇大為左右歷史的主軸都會造成誤判。譬如希羅多德發現自由人打仗的表現，比專制體制下的士兵好，訓練有素的士兵打得比未經訓練的士兵好——不管後者如何忠義勇烈。拿破崙說上帝總是與大軍團結在一起，外交永遠是「實力」的延伸等。[25]

---

24 Reinhart Koselleck, "Repetition in Language and History," *Sediments of Time: On Possible Histories* (Stanford California: Stanford University Press, 2018), pp. 165, 158-176.

25 Williamson Murray,"Thoughts on Military History and the Profession of Arms," in Williamson Murray, Richard H. Sinnreich eds., *The Past As Prologue:The Importance Of History To The Military Profession*, p. 86.

培養長程與全景式的眼光

任何一種現代學科都有通識的任務，正如經濟學教導人們「經濟的思考」，歷史的任務之一是教導我們在日常生活中進行「歷史的思考」。

日常生活中的「歷史思考」有幾個面相：第一，培養歷史想像能力以及對事情的「認知複雜度」。這是人文教育很重要的環節，在經過相當的培養及訓練後，能使片段的、枯燥的歷史世界在腦海中活起來、亮起來，成為一種鮮活的歷史圖象。此外，以歷史思考來增進我們對於事情的「認知複雜度」，更深刻地了解到一切事情皆有複雜的層面，且有時間變化的因素，從而進行比較合情合理的判斷。第二，盡可能地對歷史事件進行全景式的掌握，包括縱深的及橫亙的兩個層面。它訓練人們避免零星的、孤立的、點狀的看歷史事件，而傾向於將歷史事件理解為一方面是歷時性的因果相續，一方面是時代中各種複雜因素相互作用的成果，其中有些是原已存在（given）的條件，也有一部分是人類靠著努力可以加以改變的部分。第三，雖然歷史發展沒有規律可循，不過，有經驗的讀者即使不一定能準確地預測未來，但是應該能把握歷史發展過程中的事件類型或演變趨勢。

第四，當許多人都沉浸在一時一地的事情時，「歷史思考」強調人們在看待一時一地之事時，同時也應具有長程的眼光。歷史思考能培育人們對於「長時段」的判斷，所謂「觀水有術，必觀其瀾」、「事不孤起，必有其鄰」，了解任何事件都得了解它的歷史。所謂「原始察終，見盛觀衰」，對事情能夠較為長程的、有全景式的掌握，比較能夠免於零星、孤立的、點狀地看任何事。

在長程的眼光下，人們可以看到許多不容易看到的現象，例如《二十一世紀資本論》（*Capital in the Twenty First Century*）的作者托瑪・皮凱提（Thomas Piketty）用長程的眼光，看出貧富懸殊在過去百年間不斷加劇的現象。[26]所以M型社會不是近二十年來的新發展，也有人說從一個世紀美國財富的分配來看，才能比較深入地了解美國政府及議會的本質是什麼。在歷史的長程視野中，我們可以觀大勢，就好像看到颱風在菲律賓附近海域形成了，從種種資料的預測看來，它應該是向著臺灣吹來，但不一定能知道它是否會在宜蘭登陸，而我們並不能因為颱風沒有在宜蘭登陸，便說氣象預報沒有任何作用。

歷史是一條時間的長河，包含各種時間的層次，其中對「長時段」的探討，尤為史學工作者所擅長。所以歷史學者看待現實的國際政治，往往比較偏重「此時此刻」與「中時段」或「長時段」之間的關係，而與政治或經濟學家的看法有所不同。用柯林伍德的話來說，歷史的視野中有一種encapsulate，[27]一種案卷式的思考，宛如中國的「學案」。

「學案」是「案據」，公文檔案也是一個案據，案據往往記載學說或事物形成的歷史，了解其形成的歷史不只有知識上的益處，往往也有現實的用處。了解「事件形成史」本身即提供人們一種處理現實問題的識見。譬如，近來美國法律史家Tara Helfman教授說，美國建國諸傑草擬憲法時，主要還是從英國憲法中汲取資源，深受國際法學家格勞秀斯（Hugo Grotius, 1583-1645）及瓦特爾（Emerich de Vattel, 1714-1767）著作的影響。所以傾向以國際的關係想像各州的關係，五十個州就像五十個國家，聯邦政府只負責管國防、能源、外交、郵政等大事，每一個州各自制定稅法、交通法、民法、刑法、商業法、建築法等

26 Thomas Piketty, *Capital in the Twenty-First Century* (Cambridge: The Belknap Press of Harvard University Press, 2014).

27 Margaret MacMillan, *The Uses and Abuses of History* (Penguin Group, 2008) p. 43.

等，地方自治實行得很徹底。[28] 歷史能夠幫助我們了解困惑的現象，重訪有助於了解現行政策的生成史，並了解它的特性是如何形成的。如想了解美國黑人的當代處境，則需了解美國奴隸史，否則所看到的都是現在倏起倏滅的現象而已。[29]

從非裔美國史史家富蘭克林（J. Franklin）的研究顯示，美國憲法第十四修正案，對美國的種族隔離法案，如一九三五年黑白分居法案，是在重訪歷史之後才制定的。現在美國大小部門每每有史學家，在政策形成中扮演一個角色，譬如國務院有外交史家。公共決策與歷史往往有各種密切的關係，其中一種關係是若不深入了解歷史可能會有錯誤的決策。譬如英國一九八〇年代大舉調查男學生表現低於預期（underachieve）的現象，認為是當時家庭崩潰所致。但經過歷史研究之後，發現十九世紀中期已出現此問題，而當時並無家庭崩潰的問題，所以原來的歸因是錯誤的。可見有些公共政策的問題有其歷史根源，能了解它們的歷史根源，才能找出真正的癥結。

又如近來歐洲右派崛起，而且支持左派者失敗。如果從近幾十年來左派歷史入手，即可了解左派不知從何時開始過度理論化，使得下層無法理解。何以變得如此，必須從思想史角度理解。其實許多政治概念，今天何以如此解釋，亦有思想史／政治史的背景，故莎士比亞說：「過去即是序幕。」古今相彷彿處之作用是很重要的，但歷史也告訴我們許多對我們而言原本陌生的事物，提醒我們該問卻忘了問的問題，而陌生的知識、看起來無用的知識是成長的資源。

海耶克（Friedrich Hayek, 1899-1992）在〈歷史學家與歐洲的未

---

28 Tara Helfman, "The Law of Nation in the Federalist Papers," *Journal of Legal History*, 23: 2(2002), pp. 107-128.

29 譬如高雄大鵬灣日軍留下的地道，是日軍撤離前炸毀水門，引海水進入坑道，之後因為找不到相關工事的歷史紀錄，無法抽乾積水修建為風景點便是一個例子。

來〉中曾提醒大家，歷史知識也可以是很危險的，它對納粹德國的國家型態的建構是關鍵的。如果不從十九世紀以來德國歷史文化影響下的政治意識型態加以反省德國納粹與第二次世界大戰，並不能掌握它的全貌。他說十九世紀的德國政治史家，已經將德國建構成一個崇拜強權的國度。納粹的意識形態可以回溯到那時代的讀物，納粹一代不少人就是在此氛圍下長大。他說，像宋巴特（Werner Sombart, 1863-1941）這樣傑出的經濟史學家所教授的與後來的納粹並無二致。[30]而十九世紀流行的極端民族帝國主義史學，當然也造就了十九世紀以來西方帝國的政治風格。

前面提到，柯林伍德認為歷史發展中有encapsulate的情形，譯成中文就是「封裝」、「封進內部」、「裝入膠囊」，「現在」被「封裝」在長程的歷史之中，所以「現在不足以完全解釋現在」。柯林伍德說，塞爾特人的藝術風格何以在長期消失之後，突然在十九、二十世紀復活？他認為主要原因是它們本來就包在後來歷史發展中而傳遞過來，從未真正消失。好比你是一個戒菸的人，突然拿起菸來便也能抽，我則想藉它來說明「現在」是包著許多質素而發展過來。在事件發展的過程中，會有若干不同的質素也跟著捲在裡面，它們在發展的過程中未必顯露出來，但可能在某種時機下重現並實際發揮作用。柯林伍德encapsulate的觀念跟約翰．路易斯．蓋迪斯（John Lewis Gaddis）在他的*Landscape of History: How Historians Map the Past*中的一段話有異曲同工之妙，Gaddis說，讀歷史如看後照鏡，可以幫助駕駛前檢視後方、左右的車況，然後決定如何開車。[31]

30 F. A. Hayek, "Historians and the Future of Europe," in *Studies in Philosophy, Politics and Economics* (Chicago: University of Chicago Press, 1967), p. 136.

31 Margaret MacMillan, *The Uses and Abuse of History*, p. 141.

阿米塔吉（David Armitage）在《史學宣言》（*The History Manifesto*）中反覆陳說，認為歷史研究之所以沒有現實作用，主要原因之一是史家只研究「短暫過去」（short past），而不研究長程歷史（long durée）。對於這一點，我的看法並不如此斬截。事實上，歷史如果要有用，不管是長、中、短時間的歷史都可能有關，但是不可否認長程的歷史是可以促發許多實際政策的設計改革。[32]

第五，日常生活中的「歷史思考」幫助我們了解這個世界是流動的（fluid one），是一個不斷「變化」的世界。理想可以是永恆的，但這世界不應被亙古不變的原理或範疇來解釋。古往今來的一切都處在不斷變化的大歷史背景下，故歷史提供的「變化」觀念，幫助我們打開封閉凝固的箱子，幫助我們了解每一段變化的過程，層層變化地疊壓形成現在。雖然此後，我們依稀彷彿想像的「黃金古代」不再平靜，但是我們所看到的是實在的世相。

歷史的思考也有助於我們看待爭奪歷史詮釋的問題。記憶與現實生活的關係比我們想像的要密切，例如現在臺灣人對日本的統治以及第二次世界大戰期間在中國的作為，選擇接不接受或如何詮釋，很大程度決定了他們投票支持誰。歷史好像看不見，但它卻牢牢地抓住人們。

我認為統治者不可能永遠壓抑得住歷史真相，各地皆然。世新大學有一位傳播學教授的文章中曾經統計，在二二八事件之後的幾十年，臺灣的媒體與歷史課本中提到二二八的次數非常之少。可是當有一天它暴露出來的時候，就面臨很難收拾的局面。壓抑歷史，使得社會錯失了和解的機會，即你充分了解我的歷史，我也充分了解你的歷史，並尋求互相諒解、尋求和諧的機會。

---

32 David Armitage & Jo Guldi eds., *The History Manifesto* (Cambridge: Cambridge University Press, 2015), pp. 14-87.

把握歷史發展中的「風勢」

接著前面的討論，在這裡還想強調歷史除了教導人們長程而全景的歷史思考中，同時也提供無數史例，幫助人們把握歷史發展中的「風勢」。

在《執拗的低音》一書中，我談過劉咸炘（一八九七－一九三二）「風」的觀念，它顯然與龔自珍（一七九二－一八四一）的〈釋風〉篇有關，〈釋風〉中說：「古人之世，倏而為今之世，今人之世，倏而為後之世，旋轉簸盪而不已，萬狀而無狀，萬形而無形，風之本義也有然。」[33]我想用這一小節來補充一個論點：人類歷史並不總是井然有序、因果相續地進行著，經常出現「風」一般「旋轉簸盪而不已」的史勢，所以「察勢觀風」也是「歷史思考」的一個重要部分。

龔自珍說歷史發展「倏而為今之世，倏而為後之世」，「倏起倏落」的性質，也提醒我們注意當「風」旋轉簸盪之時，有時是非定點之間的影響與傳遞，或不斷來回往復、互為因果關係，甚至是四面八方的運動形式，或應把握到在語言之外，「非概念性」因素的作用。用龔自珍的話說是「萬形而無形」、「萬狀而無狀」，甚至沒有固定型態、固定軌道、固定因果的人事活動所構成的歷史。[34]

柳詒徵（一八八〇—一九五六）在《國史要義》中注意到劉咸炘的「觀史跡之風勢為史識」，認為專業史家經常局限於事實始末的研究。

33 龔自珍，〈釋風〉，《龔自珍全集》（上海：上海古籍出版社，一九九九），頁一二八。

34 當然包括歷史上弱者是如何反過來影響強者，後來者如何改變先行者，被殖民者的某些生活質素又如何像風倒吹回去影響他們的殖民者，並改變殖民帝國的思想、文化等複雜的歷史現象。

柳氏認為史家除了要窮究「事實本末」之外，還應闡發「史跡風勢」，他提醒我們歷史研究不只是事實的研究，還有更長遠、更複雜的「風勢」之變遷起落，史家要「察勢觀風」，要觀察一代風氣之形成及衰落，這是我們培養史識的一種辦法。柳氏又說劉咸炘標舉《禮記》中所說《尚書》的價值是「疏通知遠」，而「疏通知遠」即是「察勢觀風」的意思：一方面觀察事實之始末（入），同時也觀察風氣之變遷（出），並找出每一代特具之「事象風氣」。[35]

我深知「風」這個概念仍嫌籠統，需要經過現代語言的轉換。但如何以現代語言、概念來描述「風」從形成到衰落的機轉，是個艱難的課題，必須俟諸他日。無論如何，「風」有小風、有大風，有一時之風，有綿延一代或數代的風。任何一個時代都有幾股競合無定的歷史力量（「風」）。而且在眾股力量中，如果剛好有一股「大風」正在冉冉旋起，人們不只應注意「大風」所帶來的直接影響，同時也應觀察與它糾纏的各股歷史力量相應產生的新變化。沒有人能限制天上大風只在某一個範圍內吹盪，在民主選舉中我們經常看到某個政治人物的聲勢暴升引起大風，盤旋不去時，往往會泛溢各地，而作為一個關心「歷史思考」的人，便應時時關注把握這類現象。

「風」的成因及形成方式很多，我覺得這是一道非常複雜深厚的習題，或許應等搜集幾百個個案之後，才能較好地加以把握。第一種類型的「風」，在最初的諸階段要有某些個人極力鼓吹某種主張，通常這群人的態度是堅強而不容他人辯駁的，同時要有能「受風」之群眾，兩者互為因緣，啐啄同時，不停交互旋轉而成「風」。最初，鼓吹者常常只是少數幾個人，一如清代葉夢珠在《閱世編》中所說：「士風之升降

35 以上見柳詒徵，《國史要義》（上海：華東師範大學出版社，二〇〇〇），頁一〇八—一〇九、一一八。

也，不知始自何人。大約一、二人唱之，眾從而和之。和之者眾，遂成風俗，不可猝變。迨其變也，亦始於一、二人而成於眾和。」

在歷史上，往往有少數幾個現實地位不高的人，靠著幾篇文章或是幾次演講，而與某種政經社會環境中的群眾的關注相遇合，一圈圈擴大而形成一股風，甚至形成風捲殘雲之勢。在這裡我僅從明代舉出幾個例子。譬如明代古文運動，李夢陽等人出身帝國的邊緣地區，而且當時李夢陽只是一介小小郎官，在眾人厭倦了臺閣體，以及它所涵帶的一種平板、停滯，甚至令人感到窒息的風氣之時，靠著幾篇強烈鮮活主張的文章及文壇人脈，居然捲起萬人景從的復古運動，改變了文壇及時代文化的氛圍。此即王世貞為何景明作序時所說的：「是二君子抉草莽，倡微言，非有父兄師友之素，而奪天下已嚮之利而自為德，於乎，難哉！」[36]

晚明竟陵文學家鍾惺、譚元春也是一樣。在錢謙益看來，鍾、譚毫無學問，文章中有許多不通、矛盾的字句，以及錯誤、低俗可笑的經典註解。但他們選了《古詩歸》及《唐詩歸》，表達一種鮮明強烈的宗旨。當時人們多少了解鍾、譚的文章有種不足，但人們厭倦了前後七子所帶出的肥膩詩風，認為他們帶領大家掙脫了原先的羈絆，帶出一種求新求奇的詩風。鍾、譚在晚明文化界，包括文學、思想等層面的實際影響非常之大。又如在清代中期，惠棟以一介生員且終身未仕的身份，靠幾篇考證文字而鼓動反宋崇古的學風。一旦幾篇文字能與「時風」和「眾勢」相遇合，也有機會掀起一代之「風」。

「風」的第二種型式是由訊息、輿論、價格等等帶動產生的。以下將以海耶克的若干論點為例，海耶克當然沒有「風」的概念，但我想借

36 王世貞，《何大復集序》，《弇州四部稿》，收入《景印文淵閣四庫全書》（台北：臺灣商務印書館，一九八三），第一二八〇冊，卷六四、一七a，總頁一二六。

用他討論價格與人群的經濟行為等問題的看法來探討「風」的形成。海耶克這方面的討論很多，在這裡我主要是引用他的兩篇文章〈人類價值的三個淵源〉及〈作為一種發現過程的競爭〉。海耶克認為：「文明的基本工具——語言、道德、法律和貨幣——都是自生自發之過程的結果，而不是設計的結果。」如果借用他的觀點來談「風」，則有些「風」的形成是無法規劃、設計的。沒有人能規劃眾人的經濟行為，人的經濟行為是在「價格」的驅動之下，調動分散的個人知識，在自身自發、偶然、競爭之中，由無數個人不同的動機與行為「耦合」而形成的。或是在價格的調動作用之下，無數個人在此價格之下所做的對個人最有利的經濟安排而自然形成的，它們是「複合而成的複雜結構」，形成了「耦合秩序」。在價格體系下，個人以自己最佳的利益做出選擇，為每個人的選擇「耦合」在一起，形成「自發秩序」，或是像我說的「風」一般。

前面提到，海耶克從未提到「風」之類的概念，但我把他的「自發秩序」之說挪過來解釋「風」的一種形成——它是價格、訊息、謠言，或是愛國、民族主義等，至少初看起來不是那麼人格性因素所形成的調動性力量，使得人們在它的影響之下為自己做選擇，如果眾多人的選擇產生「耦合」，便可能形成「風」。在此我想強調，上述兩種「風」的型式——由某些群體發動的，由價格、訊息所調動的，雖然存在某種區分，但兩者之間往往同時發生作用，並在過程中互相交纏，循環往復，互相反饋。

接著，我想強調一點：是吸引人們跟著盤旋而起的，不一定都是人們在某一時刻認為真理的、有價值的、美善的。它們不一定有智慧、合邏輯、平正通達、合於道德倫理或合於傳統文化標準，也未必禁得起嚴謹的知識檢證，而是些能彌補人們空虛、渴望的東西，或是因不景氣、低收入、災荒，或對精英政治徹底失望。其中有許多從後人的眼光看來恐怕是「荒唐無稽」的，譬如晉代人以牛為貴，捨馬而愛牛，風尚所在，無法以道理解釋。[37]能夠吸收、調動成「風」的質素一直在變，舊的吸引人的質素可能在一段時間之後消失得無影無蹤，並被人們驚詫不已的新質素所取代。這正像龔自珍在〈釋風〉中所形容的「條而為」古，「條而為」今。

我一直認為歷史是很多強弱不同、位於不同層次的力量同時在往前跑，彼此間有競合關係，有的成為主流，有的成為潛流，有的從非主流以某種不盡相同的面目又成為主流。如果不注意歷史的過程中有好幾股處於不同層次的力量在競爭，便無法理解雷根（Ronald Wilson Reagan, 1911-2004，美國第四十任總統）為什麼會當選總統。因為我們看一九六〇年代以來的美國思想往往只看到學生運動和激進團體的力量，忘了保守派也在動員、轉換形式，像擦火柴一樣點燃一束束乾草，只有把這些放入我們視野之後，才能多少解釋在經過六〇年代激進運動狂烈的洗禮之後，保守的雷根為何能在一九八一年當選總統。

二十世紀過度受功利主義跟科學主義影響的對古代的歷史文化詮釋，猶如具有特殊性格的情報局長。這些情報局長因為個性太獨斷，總期望派出去的情報員所帶回來的情報全部都符合他的預想。可是派遣情報員本來就是為了了解事情的真相，如果情報員只想呼應局長的想法，那麼為何還要千辛萬苦派人出去收集情報呢？研究歷史也是一樣，如果只是為了把過去的歷史打扮成現代人喜聞樂見的樣子，那還研究它作什麼呢？我個人認為「歷史思考」有一部分是發掘歷史中的各種音調（不只是低音），並釐清它們之間的層次，免得讀者誤以為一個時代只有一種單音，或只有一種主旋律。

37 金毓黻，《金毓黻文集》編輯整理組校點，《靜晤室日記》（瀋陽：遼瀋書社，一九九三）第十冊，頁七四一四。

人類豐富而複雜的歷史幫助我們在長程的、全景式的歷史架構中，了解人類歷史發展的無限複雜性，而「萬狀而無狀，萬形而無形」的「風勢」便是其中很有價值的一環。

歷史點染人生的作用

接著，我想談到：歷史能把許多平淺的事物立體化，使它具有層次感，立體地呈現在我們眼前，我稱之為歷史「點染」人生的作用。怎麼說明「點染」的作用？在這裡我要借用海德格《存在與時間》中的一段話（當然海德格不是為了說明與我同樣的問題），海德格認為一個物件的歷史意義是由於它能反映當時使用它的「此有」的世界。38

如果倒過來想，一旦我們充分了解某個物件所屬時代的歷史，便能用它來點染那個物件的意義與深度。一個物件，看上去可能是平凡無奇，但是一把它存在的那個歷史世界帶出來，這個物件的意義便由平淡的變為多彩的，由平面變為立體，這就是一種「點染」。更進一步說，萬物、各種知識都是互相「點染」、互相「對話」的，而點染、對話的部分即擴充成為豐富飽滿、充滿意義的資源。

讀史，可以讓很普通的景點變成是立體的，也就是過去的彷彿皆來到眼前成為我們「同時代」的東西，而能夠點染多少則是由我們「心量」中儲積的史事多少所決定。文藝復興時代有一句名言：「羅馬是一座會說話的城市。」這句話有許多面的意義，其中有一面是，如果一個人有充分的歷史知識，對羅馬歷史有足夠的掌握，則即使是一塊普通的

---

38 Martin Heidgger, *Being and Time* (UK: Blackwell Publishers Ltd., 1962), pp. 429-433.

土地，在「過去」與「現在」的映照之下，也頓時活了起來，恍然而知這是凱撒被刺之後躺下斷氣的地方，則這一塊塵土也對我說話了。

如果有歷史的「點染」，一個地方便是一座博物館。試想英國的約克城，古往今來有多少勝利或灰頭土臉的國王走進這座城市。今天看來枯燥、單調的城市，因為「這裡曾經是」、「那裡曾經是」頓時變得好像人聲鼎沸了起來。我個人成長在臺灣南部的一個古鎮北港，除了三百年的媽祖廟外，古鎮彷彿是一個前幾年才開發的小鎮。但是，每當我深入一層了解它的歷史，它便立體一分，便更有意味，彷彿有許多古代歷史交錯其間，使得平鋪的景物被點染成立體的活動。「孝子釘」、「老鼠衛生」（當年為了防治鼠疫所留下的古跡）、「育嬰堂」等一一浮現，一片土地變成一個故事，整個地方成了會說話的古蹟。

所謂的「點染」，不只是點染地理、空間、旅行……，其實還點染了日常人生。在我住處附近有一路二八四公車，它每天從我眼前駛來駛去，是無數在我生活周邊反覆不變、單調枯燥的景物之一。直到有一天，我稍微了解一下它行駛的路線、停靠的站，發現它與我的生活關聯，它對我的意義也許就變得不同了，成了立體而有意義的一部分。歷史的點染，與前述對二八四公車的逐漸深入了解一樣。而且不只歷史，許許多多的知識，為我們的人生一層一層的加色，其中有的顏色涵藏在表面顏色之中，使它更生色彩。一層一層加上顏色的過程，使得枯燥煩悶的日常事務逐漸得到色彩，而且立體起來，成為有意義的一部分。

「歷史」的鑑誡作用

雖然現代史學的研究使得歷史的複雜度加深，面向也越來越多，隱過揚善的史法不再流行。對傳統史學的顛覆、反叛，加上後現代史學的解構影響，使得歷史的面目不再定於一尊，故傳統的史學功用屢屢遭人懷疑。「以史為鑑」、「歷史的道德教訓」、歷史的用處、與現實人生的關係，在傳統史學中比較不成問題。但是在「新史學」影響下成長的我們，從青年時代起便習於梁啟超以降，反對史學的道德鑑誡或「以史為鑑」的功能，加上近九十年間史學的發展也有追求脫離現實人生的傾向，歷史與現實作用之間的距離也變得愈來愈遠。

在二十一世紀的今天，即使要求史家們像《文獻通考》所說的儘量關注「典章制度」、「理亂興衰」也幾乎不大可能，更何況是為了道德教訓而希望在歷史書寫中隱惡揚善，在現代史學中是絕不可能的事。宋代的葉適便主張恢復古代的史法，不要像司馬遷《史記》那樣把項羽寫得那麼正面，可見把歷史與「道德」緊緊綁住是一個非常強的歷史書寫傳統。

傳統史學裡認為歷史可以提供我們鑑誡，是因為史官秉筆直書，使得許多史事不被遺忘，也使得人們心生警誡，不敢不注意自己的言行，所以閱讀史書可以從中習得「鑑誡」。古往今來的人都說「以史為鏡」，就是要從歷史裡看到自己、看到現在的情境、未來的發展。反面的經驗也可提供鑑誡，尤其是失敗的經驗。不管對於個人或群體而言，哲學的論證往往不及歷史故事可以對人容易產生實際且立即的作用，古人便常從幾個古代的人物身上得到人生的示範。我認為人們是可以從各種歷史著作中看到是非善惡、理亂興衰，以及一些帶有長遠性的價值，自古以來所謂的「以史為鑑」就是歷史與現實、人生之間的一道橋梁。

以下我要隨處摘引一些古代對於歷史鑑誡功用的說法，並強調即使在今天，下面這些想法並未過時。

第一，是像唐太宗於貞觀二十年下詔重修晉史時說，讀史能使人

「不出岩廊，神交千祀之外……大矣哉，蓋史籍之為用也」，[39]強調讀史可以使人超出自身的局限，與古今人物自由地交流。第二，歷史是一座「模範」的寶庫。宋神宗在《資治通鑑》的〈序〉說：「其所載明君、良臣，切摩治道，議論之精語，德刑之善制，天人相與之際，休咎庶證之原，威福盛衰之本，規模利害之效，良將之方略，循吏之條教，斷之以邪正，要之於治忽，辭令淵厚之體，箴諫深切之義，良謂備焉。」[40]意思是說歷史是一個各種良善政治、軍事歷史的寶庫，人們可以從中汲取資源。第三，歷史記載是非善惡，使得善惡的事跡有所保存，善有人紀念、惡值得警惕，許多史書都宣揚這一點。《史通》〈史官建置〉篇中便說：「向使世無竹帛，時闕史官，雖堯舜之與桀紂，伊周之與莽卓，夷惠之與蹠蹻，商冒之與曾閔，一從物化，墳土未乾，則善惡不分，姸媸永滅者矣。苟史官不絕，竹帛長存，則其人已亡，杳成空寂，而其事如在，皎同星漢。」[41]如果沒有史官，對於好的事蹟與壞人的劣跡沒有記載，一旦他們物化，後人便分不出誰善誰惡了，而且也無從由這些大量善惡史跡中獲得鑑誡。

第四，也有人主張在歷史書寫與讀者閱讀的合作中，加以突顯歷史中的是非、善惡、興衰、得失之跡。司馬光花了十九年的時間編纂《資治通鑑》，完成之後的〈進通鑑表〉中，有很感人的一句話：「今已了畢者」，千載之後讀來，仍感受到他完成任務之後如釋重負的輕鬆感。在〈進通鑑表〉中，他說：「專取關國家盛衰，繫生民休戚，善可為

39 原文出自《唐大詔令集》卷八一，此處引用瞿林東，《中國簡明史學史》（上海：上海人民出版社，二〇〇五），頁三五六。

40 〈御製資治通鑑序〉，司馬光，《新校資治通鑑注》第一冊（台北：世界書局，一九六二），頁三三。

41 浦起龍著，《史通通釋》（台北：臺灣商務印書館，一九六八）《國學基本叢書》本，卷一一〈史官建置〉，頁一。

法，惡可為戒者。」又說：「鑑前世之興衰，考當今之得失，嘉善矜惡，取是捨非。」[42]他明確地點出，如果拿幾個清楚的主線去讀史，譬如「國家興衰」、「生民休戚」，就很容易看出哪些史事是可以效法，哪些是值得鑑誡的。讀者可以抱著問題、透過仔細的閱讀得到道德、政治價值的教訓。《資治通鑑》教人說讀「三家分晉」的故事時，論「名分」的重要，因曹魏移祚而「論風俗」，因蜀漢而「論正閏」，因樊英而「論名實」，從兵事可以知「得失之由，脈絡分明」，由詳論名公巨卿所以興家敗家之故，可以得到鑑誡。

第五，歷史是一面鏡子，好的奉以為法，壞的奉以為戒。《貞觀政要．任賢》：「以古為鏡，可以知興替」，早已成了耳熟能詳的成語，讀歷史可以知道德之隆污、人臣之忠奸、人品之善惡等等。又說彰善辨惡可以作為將來之戒。[43]至於由歷史而引導未來，更是傳統史書中習見之話，譬如「多識前古，貽鑑將來」、「述往事，思來者」。對於司馬遷、司馬光這些傳統史家而言，從歷史中可以直接推尋出道德評鑑、政治得失、興衰之鑑。他們雖然也了解歷史中弔詭、曖昧、模糊、混亂的地方，但是仍然很有信心地認為透過合適的書寫與閱讀，歷史教訓是穩定而有用的。

42〈進通鑑表〉，司馬光，《新校資治通鑑注》第一冊，頁九六〇七—九六〇八。

43（唐）吳兢著，《貞觀政要》（台北：河洛圖書出版社，一九七五），頁五五。

第二章

日常生活中的「歷史意識」

「沒有歷史的人」

首先我想從反面來談歷史，也就是「無史」之苦。「無史」這個問題在晚清一度非常流行，梁啟超認為傳統史書多寫帝王將相的歷史，而一般人民「無史」，所以大清帝國雖然號稱歷史發達，其實「無史」。「無史」的問題也出現在清末革命志士的著述中，他們認為沒有歷史即沒有權力（out of history, out of power），三百多年來的歷史已為滿清所壟斷，而漢族受慘害，歷史遭到壓抑，所以「無史」，沒有歷史即不知為自己的先人復仇，則為人奴隸，被征服而沒有自覺。

四十餘年前，Eric Wolf（1923-1999）有一部史學名著《歐洲與沒有歷史的人》（*Europe and the people without History*），認為沒有歷史的人群在人們心中幾乎等於不存在一樣，人們愈來愈發現歷史上許多人群是「無史」的。[1]而過去幾十年的史學解放，多少改正了這些問題。以婦女為例，過去婦女的歷史微乎其微，忘了婦女在其時代所扮演過的無數角色。[2]

如果把「過去」從人生抽掉，就像是一個失憶的人，一個完全沒有歷史的人，就像一艘漂泊在大海中的棄船。一個不知身世的孤兒，一個被領養的小孩，每每在長大之後千方百計想要尋找自己的根源，可見「史」在個人生命中的重要意義。由「無史」的痛苦可以看出歷史與現實人生的關係，不僅只是現實「權力」之有無而已。

歷史可以防堵集體遺忘、防堵假歷史的出現。歷史知識的傳遞很複雜，如果不重訪歷史，即使史料仍然典藏在圖書館或其他地方，但在一

---

1 Eric Wolf, *Europe and The People Without History* (California: University of California Press, 1982).

2 Gerda Lerner, "The Necessity of History and the Professional Historian," in Stephen Vaughn ed., *The Vital Past: Writings on the Use of History*, p. 110.

般人腦海中等於不存在。往往過了二、三十年，人們就不記得先前的史事了，也未必了解。試問五四運動及五四之後的發展，這麼重要的歷史事件，在近代中國歷史如何可以略而不載？如果我們檢視臺灣早期所用的幾種近代史教科書，就會發現它們或者跳過不寫、或者含糊帶過，宛如這個事件不存在或沒有任何重要性般。如果沒有歷史，何以防止其遺忘。試問慘烈的二次大戰才過去七十年，現在還深刻記得那場戰爭的還有幾個人？一九六〇年代起，在英國出現一位專門否定納粹屠殺六百萬猶太人的二戰軍事史專家David Iriving，他寫了近三十本相關的書，後來不得不勞駕德國史權威理察・埃文斯（Richard Evans, 1947-）出面，撰寫了《為希特勒說謊》（*Lying About Hitler: History, Holocaust, and the David Irving Trial*, Basic Books, 2001）加以反駁。而這種事在歷史上屢見不鮮。

讀史不只可以防堵集體遺忘，還可以防堵政府或人們任意變造或取消歷史，思想史家沃格林（Eric Voegelin, 1901-1985）在他的回憶中提到一個想要取消歷史，刻意製造「非歷史」的實例。沃格林說納粹刻意去歷史化，使得國家的理論變得「非歷史」，故可以胡亂製造其種族理論，而陷於近乎瘋狂的狀態。[3]我們習慣於認為歷史知識會自動傳續下去，而忽略了一旦不重訪或重建歷史，歷史便不存在。在中國歷史中，遺忘前史是常見的，譬如《舊五代史》竟不知石敬瑭是契丹族。有時不一定是遺忘，而是刻意忽略不提。連史筆嚴格的歐陽修在《新五代史》中居然不提韓通，韓通是當年力阻趙匡胤篡位的人。當時有人說從這一點看，歐陽修也不能算是盡職的史家。

遺忘歷史有時會失掉現實利益，如巴黎和會中，日本宣稱東三省自古不屬於中國，而中國的和會代表居然不能據史回答，便是一個很好的

[3] 埃利斯・桑多茲（Ellis Sanoz）著，徐志躍譯，《沃格林革命：傳記性引論》（上海：上海三聯書店，二〇一二），頁六九－七〇。

例子。

「可能性知識」的價值

讀史所獲得的「知」本身與智性的滿足、充實感本來就是人類天性裡最重要的需求之一。「知」本身最大的報償便是樂趣，以及「益神智」與增加見識的充實感，而不一定有什麼現實而立即的用處。例如對我來說，讀陳寅恪的《元白詩箋證稿》最重要的便是「知」的樂趣，而不是有任何立即得到的現實益處，讀許許多多的史書，最重要的也是一種「知」的樂趣與滿足感。更何況讀古往今來許多史書，本身便是極大的美感與享受。

前面一段提到歷史並不複製它自己，歷史上沒有一模一樣的事件會重複發生，但是歷史中提供了許多亞里斯多德《詩學》中所說的「可能性知識」。[4]而「可能性知識」對現實有相當的益處。

希臘經典大家芬利（Moses Finley, 1912-1986）曾說，我們不應該把希臘羅馬經典想像得太崇高，它裡面往往只有一些亂七八糟的細節，只是提出各式各樣的問題而已。[5]即使不是那麼崇高而有體系的知識，但是許多雜亂的、枝節的，一個人物的典型，一句偶然的對話，一場不甚重要的較勁，一場平凡人物之間的風議等等，都可以帶來意想不到的影響。對於這個問題，德國史學大師德羅伊森（J. G. Droysen, 1808-1884）認為，「歷史知識有非常實際的功能」，但這個功能並不在於

4 亞里斯多德，陳中梅譯注，《詩學》（北京：商務印書館，一九九六）。

5 M. I. Finley, "Crisis in the Classics" in J. H. Plumb ed. *Crisis in the Humanities*, pp. 11-24.

它能指示具體的行動，而是「經由擴大人們自我認識的歷史視野，進而提升行為能力，以及開啟更多行動的機會。」[6]

即使今天人們對歷史與現實人生的關係充滿疑問，但不可否認歷史上有許多受歷史影響或得益於歷史的事例。許多近世重要的歷史人物都受一部史書的益處，如曾國藩（一八一一－一八七二）熟讀《文獻通考》、左宗棠（一八一二－一八八五）深受《讀史方輿紀要》之益、胡林翼（一八一二－一八六一）每天必讀《資治通鑑》。[7]胡林翼編了一部《讀史兵略》，以前我當兵時，連隊後面的書櫃上都有這部書，因為蔣介石（一八八七－一九七五）非常重視這本書，裡面的資料都是從史書來的。從以上三位湘軍將領給人的書信中便可看出讀史之益處。如〈胡林翼劄霆營鮑副將喻都司文〉中說：「呂蒙行師，不能以一笠寬其鄉人，嚴明之謂也；絳侯治兵，不能以先驅犯其壁壘，齊整之謂也。」[8]足見他對呂蒙、周亞夫的歷史非常熟悉。比曾國藩、左宗棠、胡林翼略晚一輩的張之洞（一八三七—一九〇九），也因熟讀《資治通鑑》等史書而有名。有一個關於中越勘界的故事，他考詢古書、檔案，堅持中越邊界的十萬大山是馬援當年立柱以為邊界的地方，現在雖然已經沒有柱了，但是張之洞一意想弄清楚漢代邊界之所在，清廷一再訓令

6 德羅伊森著，胡昌智譯，〈引論〉，《歷史知識理論》（北京：北京大學出版社，二〇〇六），頁二二。

7 「公牘有可作史論觀者，如胡文忠《復衛靜瀾書》云：『南以舟師為要，北以騎兵為要。史于劉項戰事，于樓煩善騎射，擇軍中可為騎將及騎將灌嬰各事，均大書之。是劉項之興敗，在有騎無騎矣。』《致嚴渭春書》云：『襄陽被圍五年，隔杭州二千里。然襄陽失而宋亡，賈秋壑特以酣歌湖上為樂耳。胡三省注《通鑑》，于此事深致怨恨。三省浙人也，知南宋之大局，在蜀、在襄陽、在淮甸地也。』文忠熟於史事，故率然下筆，皆有斷制。《致唐義渠蔣之純書》云：『讀盡一部念三史，古今兵事，有戰法，無攻法，惟近九年之官軍異是。』此則全史在胸，乃能為此言。」許同莘著，王毓、孔德興校點，《公牘學史》（北京：檔案出版社，一九八九），頁三五一。

8 許同莘著，《公牘學史》，頁二二五。

他不要無端生事，後來這個考證就不了了之，但由此可以看出張之洞的歷史癖。

至於西方近代人物中得史之益處者也是不勝枚舉。與張之洞時代相仿的海權論者阿爾弗雷德・賽耶・馬漢（Alfred Thayer Mahan, 1840-1914），自謂他的《海權論》是對歐洲一六六〇年至一七八三年百年間海戰史實的分析。他說自古以來海權是統治世界的決定因素，陸權國家如果沒有出海口則難免衰亡，甚至認為在海權與陸權之間，如果某方進行嚴密的海軍封鎖，則比遭一支強大的陸軍攻擊有力。十七世紀以來，英國與法國的海陸優先策略及後來對國力影響之對比即是一個顯例。他直接引用史料而且是一手戰報，根本上這是一本歷史書，雖然也有不少人反對他的觀點，但是此書對過去一百多年的歷史影響非常巨大。又如英國二次大戰的領導人邱吉爾是一個既熟讀歷史又大量寫史的軍人、政治家，他早年到印度的船上都在誦讀吉朋的《羅馬帝國衰亡史》，有意思的是前英國首相強森，即是從邱吉爾的歷史得益的政客。如果把他近來的行事風格與他所寫的《邱吉爾傳》（*The Churchill Factor: How One Man Made History*）相比，便有一種若相彷彿的感覺。他處處模仿邱吉爾，連烏俄戰爭期間支持烏克蘭的演說，也像是邱吉爾鐵幕演說的翻版。

人生每每需要驅策所有能用得上的知識來解決現實問題，而熟悉歷史的人，每每要尋思若干與該境況相彷彿的「可能性知識」。以熟悉歷史，晚年甚至想到大學教明史的張學良為例，他說自己與紅軍在西北作戰，後來紅軍自動解圍，並表示不敵視東北軍的誠意，他說：「（其部下）王以哲來電信，共方派來負責代表一人，到彼軍部，請良親為接見。此時良憶及昔年左文襄收撫馬化龍之故事，同時心中已早存有上述種種，遂飛洛川，會見該人。」不久之後，張學良與周恩來見面，「本一動扣留之念，再一尋思，偶起『豈有酖人羊叔子哉』之句，彼既卒然敢來，余當磊落光明」。[9]西安事變之後，同機親送蔣介石離開西安，周恩來趕到機場，見飛機在飛，大嘆張學良中了黃天霸故事的毒。以上三個時刻，多少也是近代史的關鍵時刻，顯然熟悉歷史的張學良，像是一個坐在被告席上的人，浮現了一些相彷彿的史事，而這三件史事（除了黃天霸的故事真實性待考）都對他當下的決定產生無與倫比的作用。

歷史在相彷彿性的情境下來到人們的腦海裡，像諾曼第登陸時一個工兵旅本想背誦莎士比亞《亨利五世》中的一個戰鬥場面，雖然那是一個進攻法國的故事，但開頭的那行詩：「重新踏上這片海灘，親愛的朋友們」，因為眼前的情境是如此相彷彿。另一個射擊大王卡．克．金少校則背出最後一句詩：「凡是度過了今天這一關，能安然無恙／回到家的人，每當提到了這一天／就會肅然起立……」。[10]

卡爾曾說在俄國大革命之後，人們因為悚然於法國大革命之後拿破崙終結了大革命，並竊取了它的果實，所以極力防止俄國大革命也出現同樣的命運。而當時人們認為托洛斯基比較像拿破崙，所以傾向於支持比較不像拿破崙的史達林，這個結果是不是比較好呢？再如埃及強人納塞上臺之後，歐洲各國認為他太像希特勒，故英法聯合入侵，這是不是正確的呢？一九六七年十月一日，《紐約時報》報導在決定是否增兵越南時，尼克森隨手帶著一張紙條，上面寫著他所遇到的問題與林肯、威爾遜、羅斯福相彷彿的地方。[11]

中國歷史上相彷性／可比較性的事例也非常多，我只略舉其中兩三件。《管子》〈輕重戊〉中有這樣一個故事。齊桓公對齊國旁的一個小

9 張學良，〈回憶西安事變〉，《傳記文學》第五十六卷第六期。

10 柏拉圖、薩特等著，藍黛選編，《老筆記——名人眼裡的歷史事件》（北京：民族出版社，二〇〇一），頁一九八、二八五。

11 George O. Kent, "Clio the Tyrant" in Stephen Vaughn ed., *The Vital Past: Writings on the Use of History*, pp. 306, 303.

國魯梁，總覺得芒刺在背，故想將之納入自己的版圖。齊桓公問計於管子，管子說，魯梁之民善於織「綈」（厚繒）。你如果服綈，也令左右、百姓皆服綈，並大舉向魯梁購買，則魯梁必舉國棄農作而織綈。過了一年後，管子命人到魯梁，見魯梁舉國之人皆在織綈，便報告桓公「魯梁可下矣」。管子說：「公宜服帛」，只要你改服帛，並不再與魯梁買賣，則自然魯梁舉國餓餒相及。魯梁之君雖然要人們趕快放棄織綈回頭務農，但是一時來不及，故需向齊買糧，而齊則趁機提高價格，過了三年，魯梁之君即請降矣。這類史例在歷史上經常出現，而且當國家或個人遇到特定的變局時，每每會從歷史這個「藥山」（呂祖謙語）中尋找可能用得上的藥草。《太白劍》〈序〉一文中說，崇禎皇帝於十年至十一年間，當流寇之起，取《新唐書》〈黃巢傳〉反覆閱之，「因思致寇之由，禦寇之失策，援唐事一一比而論之」，[12]便是一個例子。

歷史雖然並不一定重演，但並不表示沒有相似的情境。《馬歇爾回憶錄》中講到當二戰開始，他決定在美國進行「動員」時，發現「戰況」與他早年讀過的戰史何其近似。季辛吉在梅特涅的生平中看到核子時代平衡外交的精神。近代軍人龔浩說他讀到《讀史兵略》中有關北魏崔浩時，「拍案驚起，謂楊宇霆必死，不出一月，後果如言，以其二人地位相同，履險則一也。」[13]又如嘉慶之對和珅，在《味餘書室稿》中〈唐代宗論〉云：「代宗雖為太子，亦如燕巢於幕，其不為輔國所讒者幾希。及帝即位，若苟正輔國之罪，肆誅市朝，一武夫力耳！乃捨此不為，以天子之尊，行盜賊之計，可愧甚矣。」昭槤在《嘯亭雜錄》中說，讀此乃知嘉慶老早已從史事中得到教訓，打定主意，所以在乾隆死

12 姚康，《太白劍》，收入《四庫禁燬書叢刊·集部》第一〇六冊（北京：北京出版社，二〇〇〇），頁一b，總頁六一八。

13 龔浩，〈師承記〉，收入蔣方震著，譚徐鋒主編，《蔣百里全集》第八冊（北京：北京工業大學出版社，二〇一五），頁七六。

後，立命兩位親王傳旨逮和珅，並命勇士阿蘭保監行，而慌忙的和珅卻什麼都做不了。[14]

「辛酉政變」的整個過程是晚清朝堂中最為風雲變幻的一段。在「辛酉政變」之前，也就是慈禧主導發動除掉咸豐的八位顧命大臣，換成以慈禧、恭親王奕訢為主軸的統治集團之前，以肅順為首腦的大臣攬權過甚，行徑囂張。據史書說，當時人們口耳之間不時提到「霍光故事」。霍光是霍去病的異弟，是昭帝上官皇后的外親，漢宣帝霍皇后的父親，長期輔政，甚至主持廢立昌邑王。但當霍光去世之後，第二年霍家便因謀反被族誅。清代後期，人們見到肅順等人過度擅權，也不由得總是想到漢代霍光的故事，而且後來發現兩者的結局相當接近，可見「彷彿性知識」是一個重要的歷史運作機制，後來肅順等人果然被誅斥。當咸豐崩逝於熱河，大清朝廷中的「北京派」（核心人物恭親王奕訢、周祖培、賈楨等）與「熱河派」（肅順、載垣、端華等）的鬥爭中，「北京派」與「太后派」聯手舉起「垂簾聽政」的大旗。於是，戶部官員李慈銘在周祖培的影響下，搜集歷代太后臨朝先例，為「垂簾聽政」尋找歷史根據。李慈銘詳檢了歷代賢后臨朝的八個史例，並疏明其事跡，作成《臨朝備考錄》。這也是當政治鬥爭中當事人向歷史的彷彿性中尋找資源的例子。[15]

在《為將之道》這本書中，被訪問的許多當代美軍名將都異口同聲提到，歷史與當代情境的彷彿性。[16]他們之中有許多人通常盡可能地讀

---

14 昭槤，《嘯亭雜錄》（北京：中華書局，一九八〇），頁二七。

15 在戊戌變法時期，為了尋找歷史的案據，在清朝前三朝的故事中搜尋前例。《康南海自編年譜》中說：「上久與常熟議定開制度局，至是得諸臣疏，決意開之，乃令復生擬旨，並云康熙、乾隆、咸豐三朝有故事，飭內監捧三朝聖訓出，令復生檢查，蓋上欲有可據以請於西后也。」《康南海自編年譜》，康有為撰，樓宇烈整理，《康南海自編年譜（外二種）》（北京：中華書局，一九九二），頁五七。

16 艾德格·普伊爾（Edgar F. Puryear, Jr.）著，陳勁甫譯，《為將之道》（台北：麥田出版

戰爭史，腦海中對戰爭情勢形成了豐富的積貯，使得他們不管是從部隊的駐紮、移防、後勤、戰鬥等每一個方面，都有豐富的積貯可以「類比」或「配擬」（analogy），「類比」或「配擬」不一定是照搬的意思。

《孫子兵法》說：「兵者，國之大事，死生之地，存亡之道，不可不察也。」但是人們花最少的時間在研究這「死生之地，存亡之道」。克勞塞維茨說戰爭都是簡單的事，但簡單的最困難。戰場上瞬息萬變的簡單事，在那緊急的時刻，迫使指揮者將他所有的知識用上。[17] 如果有一些熟悉、粗略可以把握的「模式」作為參照，應該是可以發生重要的作用。在《歷史作為序幕》（*The Past as Prologue*）中，有一位美國越戰將領Paul Van Riper所撰寫的章節中，便承認歷史雖然沒有提供軍人lesson，但是卻提供一些幫助了解戰鬥上可怕的現象的脈絡，它們的過去、現在、未來都是如此。在這本書裡，不只Van Riper將軍，也有不少其他人提到「幾乎不變的戰鬥時勢」、「反復出現的狀況」。[18]歷史雖然並不重複，但有些場景以令人驚訝的方式重複。雖然愈來愈少人認為歷史中可以找到通則，但浸淫在歷史中，仍然多少可以形成一些線索，找到某種模糊的通例或模式，獲得某些「可能性知識」，以把握不可知的未來。

「可能性知識」並不完全精確，但不精確的「可能性知識」卻可能有很大的用處。在這裡我將舉歷史上一些以寡擊眾的史事為例，如晉楚

社，二〇一一）。

17 克勞塞維茨著，格雷厄姆英譯，時殷弘譯，《論戰爭的性質》（北京：中國對外翻譯出版公司，二〇一二），頁五三。

18 Paul Van Riper, “The Relevance of History to the Military Profession” in Williamson Murray, Richard H. Sinnreich eds., *The Past as Prologue: The Importance Of History To The Military Profession*, pp. 34-54.

城濮之戰、楚漢成皋之戰、韓信破趙之戰、新漢昆陽之戰、袁曹官渡之戰、吳魏赤壁之戰、吳蜀彝陵之戰、秦晉淝水之戰等等，往往出現一些較常出現的可能性要素。我歸納了一下這些戰役以寡擊眾、以少勝多的要素，共有十三項：一、士氣，二、紀律，三、指揮官的能力：包括事前部署、合縱連橫、消除後顧之憂，四、關鍵突擊，五、佯裝：各種佯裝，包括沙苑之役藏於蘆葦，佯退。六、側翼伏擊或夾擊；七、由後包抄，然後形成前後夾擊之勢；八、心理戰；九、不能分散用兵或逐次用兵，而是將最大兵力集中於一點；十、防止分散而被各個擊破（如官渡之戰）；十一、輜重、糧草（及攔截糧草時要運用充足的兵力）；十二、南北，北攻南要克服舟師問題；十三、北伐之所以不能成功，常常是因為糧草的補給問題，而糧草會給當地極大的危險。此外，我也從歷代戰史中得到一個印象，許多關鍵戰役中，一支數目幾千或上萬的精銳部隊（「選鋒」）非常重要。如唐太宗為秦王時所率領的精銳騎兵，宋太祖也有一支這樣的軍隊，金有「硬軍」，韓世忠、岳飛有「背嵬軍」等等，這方面的例子很多，不一而足，但這也幾乎成為一個可供人們循守的「史例」。我對軍事史並無深入了解，但是我在研讀歷史上若干以寡擊眾的戰役時，以上各點經常出現，而它們也就形成浮現在心中的「可能性知識」。[19] 如果我是一個指揮戰爭的人，再遇到類似的情境時，上述「可能性知識」便當湧現心頭，成為與我「同時代」的歷史知識。

從許多人的證言中可以看出，當人們感覺古今情境相彷彿時，會從

19 歷史教訓發生的方式，常常在一個人的腦海中以古「類比」今日的方式出現。如一大批偉大的文學作品是從古代歷史而來，如果沒有古羅馬史事的激發，斯湯達爾（Stendhal, 1783-1842）的想像力絕無法噴落而出。許多我們認為是全新的史事，其實往往有歷史的痕跡可循。日本製造滿洲國，敏感的人便知道它是學拿破崙製造萊茵同盟的故智，而且很快便指出這是歷史上一個失敗的案例。蔣方震著，譚徐鋒主編，《蔣百里全集》第四冊，頁三四二。

歷史的前例中找尋。例如拿破崙深受普魯塔克《英雄傳》的影響，精研義大利各地的歷史。所以當他進軍義大利時，簡直像來到一個熟悉的環境，無往不利，這一點只要從路德維希所寫的《拿破崙傳》中便可以輕易看出。在臨場的感覺中，隨機引發古今對照感，是歷史發揮現實作用很重要的方式。二戰期間率領盟軍登陸諾曼第的艾森豪（Dwight David Eisenhower, 1890-1969）在他的回憶錄中說到，他自學生時代以來便對戰史有濃厚的興趣，尤其對希臘羅馬的許多史事非常熟悉，甚至到了講錯一個人名或一個年份都有辦法訂正的地步。對漢尼拔的史事熟悉，對希臘、羅馬史事的熟悉，使他在遇到相近似的境況時，往往能迅速從這些歷史資源中取得參照，盱衡現實，作出決斷。這樣的參照不是原樣照搬，而是幫助自己針對實際的情況作出決定。

西班牙治理美洲的方式有些是從與摩爾人的戰爭得來的教訓；英國從殖民地美洲獨立的經驗，也影響到二次大戰後英國讓各國獨立的決定。這兩者雖然相差一百七十年左右，但是前面的歷史對後者的決定有了重要的影響。另一個例子是「俄國」，「俄國」彷彿是歐洲強權國家一道永遠的習題。腓特烈大帝曾說「沒有歐洲國家可能征服俄國」，在相彷彿的境況下，拿破崙、希特勒都兩度重蹈歷史的覆轍。[20]即以當代為例，遇到某種關鍵情境時，人們也每每會勾起歷史上相彷彿事件。譬如德國總理梅克爾，在二〇一七年大量接納中東難民，引起了德國內部重大的不安及執政黨的危機。當時便不斷有人勾聯起羅馬帝國衰亡史中，羅馬後期蠻族入侵帝國邊緣的歷史以及它們引發的危機。同時我也注意到，有德國人翻譯了晉代江統的〈徙戎論〉，在這篇政論中，江統提到「「關中之人百餘萬口，率其少多，戎狄居半」」，並且建議遷返胡人，可以「除旦夕之損，建終年之益」。江統的提議未被採納，不到十

20 Reinhart Koselleck, *Sediments of Time: On Possible Histories*, p. 180.

年即發生五胡亂華。我不清楚這篇譯文在德國實際產生的影響為何，但它可以做為我們討論主題的一個例證。一方面是古代的成例，另一方面接納大量難民，是不可推卻的人道關懷，人們要在這個關鍵之處作抉擇。

中國歷史上這方面的例子很多，譬如《三國志》或《三國演義》中漢靈帝與十常侍的故事——懶惰無能的皇帝被一群能幹的太監圍繞著，幫他把所有憂勞的事情處理了，皇帝只要安逸的生活即可。但同時，太監（或臣僕）則吞噬了皇帝的權力，終至任意擺布皇帝。在歷史上這樣的戲碼反覆上演，遇到相彷彿的情境時，人們每每想起十常侍，但人們卻又總是沒有學到教訓。又如南北朝中的南朝，經宋齊梁陳四代，在前三代時，北方來的政權依靠北府兵的力量勉力維持著，可是到了陳朝，北府兵的力量消退了，南方當地人的力量起來主導。當人們面臨類似的情境時（外來政權到第三、第四代統治時），便可能關注這段史事，希望從中得到教訓。史事的引導作用是不受時間限制的，即使到了中日戰爭，碰到與當年拿破崙征俄的相似情境時，蔣介石提出「以空間換取時間」，毛澤東（一八九三—一九七六）提出「持久戰」，蔣百里、白崇禧等也有這樣的戰略。依照白先勇的看法，其父提出「以空間換取時間」的想法，乃是受到俄國拖垮拿破崙的相彷彿歷史情境的影響。[21]

在這一張清單愈拉愈長之前，我要再以一九四七年國府名將張靈甫所領導的孟良崮戰役為例。這場戰役的布局，使當時一些熟悉三國史事的人想起諸葛亮的「街亭之役」。兩場戰役相隔一千多年，但人們認為它們有其彷彿性。但可能因之前漣水之役張氏即用此戰略獲勝，故即使他是熟讀三國的，仍未警覺，甚至認為一定會得勝。所以在全軍覆沒之

21 白先勇，《父親與民國：白崇禧將軍身影集》（台北：時報文化出版公司，二〇一二），頁一〇。

前兩天，仍然信心滿滿，而沒想到形勢竟然急轉直下。[22]

總之，這個世界上沒有兩片完全相同的葉子，古今也沒有兩件完全相同的史事，但這並不表示沒有相彷彿的境遇，也不表示沒有「可能性的知識」。

「重訪」歷史以開拓各種認識的可能性

歷史中有許多若相彷彿的情境，幫助我們在相似的境遇中可以把握事情的內核並做出回應。但是，它也提供許多「陌生的他者」幫助我們跳出自然的內捲化，或以「我」為核心的層層牽纏與包裹。讀歷史可以讓我們「重訪」過去，在《執拗的低音》裡，我曾經談過這個問題，現在我想再更深入地探討「重訪」的必要性。

「重訪」是一個人生的任務，許多東西已經從當代科學、理性中消失了，「重訪」不只要找與我們相彷彿的境況，同時也要發現異於我們的、不熟悉的，或是忘了怎麼問的問題，藉以使自己跳出洞穴的偶像，找到「陌生的他者」、找到另一個選擇（an alternatives）、找到可能的新資源。重新注目「他者」、擴大個人的經驗範圍，能夠使我們逃脫滿眼所見都是「現在」的束縛，增加新的視野。熟悉的知識很重要，但陌生的知識也非常重要。在現代人看來陌生甚至有些不合理的知識，也許有助於提醒我們問已經忘了怎麼問的問題。了解自我應該是要將自我放在歷史的視野（perspective）中，這應該要包括許多我們熟悉的及陌生的

22 不過有人認為，從大局面看，當時國府軍隊凡計畫由幾支軍隊合圍之事，從未成功過，孟良崮戰役亦如此。

知識，以避免一步步走向「內捲」而不自知。

人們經常將現況本質化，如身心分離是近一、兩百年來才有的想法，而我們卻認為它是人類的「本質」。「重訪」是一種重要的能力，使我們的思考與生活不致陷入內捲化，但對「重訪」的結果要採取何種態度，仍是由自己決定。歐洲設計師每每先回到歷史，了解在原始情況中，為什麼形成某種新工具，在新環境下能如何應對新狀況，甚至於在美學及實用的考量中，看看有無舊元素可以用進去。

「重訪」也使得人們可以導正占據歷史舞臺的誣史，如後梁的朱溫。在薛居正《舊五代史》中，他是舜的司徒朱虎的四十三世孫，這個世系不知是從何而來。又如石敬瑭，《舊五代史》說他是漢代丞相石奮之後，歐陽修的《新五代史》才說他是異族，「其父臬捩雞，本出於西夷」。[23] 歷史是一個時刻上演的舞臺，如果歷史沒有「重訪」，古往今來發生過的許多事便從人們的視野中永遠消失了。羅馬史大師西奧多・

蒙森（Theodor Mommsen, 1817-1903）完成《羅馬行省史》研究後，有人說：「一個消逝了的世界，由於一個人的天才而得重現。」[24]又說經他研究之後的羅馬城成為奧古斯都（Augustus）豪語中的，他接受的是一座磚城，而遺下了一座（璀璨的）大理石城。「重訪」可能復活某種早已忽略的「理想」，或帶進了可能性，如*Greek Stander of the Individual* 重新發掘希臘思想中對「個人」的看法，與當代的個人觀做為對照。

昆廷・斯金納（Quentin Skinner, 1940-）在一九九八年出版的《自由主義之前的自由》（*Liberty Before Liberalism*）重新揭開一個十七世

23 柴德賡，《史籍舉要》（台北：漢京文化事業有限公司，一九八五），頁一六七。

24 喬治・皮博迪・古奇（G. P. Gooch），《十九世紀歷史學與歷史學家》下冊（北京：商務印書館，一九八九），頁七七三。

紀政治思想地景中，久為人們所忽略或遺忘的政治思想派別，同時以它為基礎反省當代的自由主義。他認為在十七世紀中期有一派所謂新羅馬主義的政治思想。新羅馬主義者們（neo-roman theorists）活躍於內戰至查理二世統治期間，以哈林頓（James Harrington）、彌爾頓（John Milton）等人為主。他們主要受到李維（Titus Livius）、薩盧斯特（Sallust）、塔西佗（Tacitus）以及羅馬法的學術彙編（Digest）中有關奴役、推翻王制、自由人之類主題的影響，在對抗查理一世聲稱擁有徵稅及否決（prerogative & discretionary rights）等特權時，遂產生了一種介在古典共和主義與自由主義雛形之間的理論思潮。這股思潮的核心關懷，是嘗試藉由援引古羅馬共和的模型，以指出個人在政治社會中如何可被視為擁有自由（individual liberty），而他們所得出的結論通常導向一種反君主制的結論：政治共同體的主體必須是全體人民，而非君主或寡頭，換言之即是共同體當中通過的任何法律，都必須奠基在人民全體的同意之上，政體型態則應採取混合制，或由人民代表作為實權掌握者的共和制。從公民自由（civil liberty）的角度視之，這是一支完全對反於霍布斯（Thomas Hobbes）的理論體系，當他們聲稱只有活在自由國家中的公民是自由的，霍布斯的反駁卻指出無論在什麼體制下，法律所規定的範圍之外，便是公民自由之所在。

新羅馬主義（neo-roman theory）伴隨著商業資本主義的興起而式微，斯金納的觀點使這套理論在資產階級冀求的文明、典雅及利益競逐等觀念下，反而顯得有種粗鄙的鄉紳色彩，也因此在自由理論中所占據的位置便在十八世紀中期被效益主義取代。然而放在當代的視角下來看，挖掘這一段思潮確有其重要意義。首先，自然是為理解自由主義的發展系譜，在霍布斯與邊沁（Jeremy Bentham）之間補上了一塊拼圖，霍布斯的自由觀念雖然獨創，彼時對共和政權及復辟後的政治環境形塑扮演關鍵角色的或許仍是新羅馬主義者們。其次，斯金納認為這一波思潮雖然就自由主義的型態而言停止了，但共和理念卻對美洲革命發生了重要影響，例如哈林頓的*Oceana*中的公民戰士（civil warrior）。最後是由斯金納與佩蒂特（Philip Pettit）個別在此一主題的基礎上，發展了新共和主義理論系統以作為當代政治理論的改良性元素，並由此衍伸出自由意志及免於支配（free from manipulation）等新的理解。斯金納認為他透過「重訪」所發掘的這一些可以糾正當前西方的民主風氣，尤其是由柏林所倡導的區分積極自由、消極自由的風氣。[25]

弗格森（Adam Ferguson）在蘇格蘭啟蒙運動中是邊緣人物，他的著作《羅馬共和之衰亡》（*The History of the Progress and Termination of the Roman Republic*）重訪了羅馬歷史，「共和主義」的危機是其論述的主軸，佛格森認為凱撒是因人民的民主擁戴而成為獨裁的。佛格森的《文明社會史論》（*Ferguson: An Essay on the History of Civil Society*）出版隔年即翻譯成德文而影響黑格爾，黑格爾的「市民社會」理論即「文明社會」之誤譯。佛格森在書中透過重訪文明社會的歷史，指出太過文明化、商業化的缺點，他也指出「帝國」不應過度擴大，官僚太多會造成獨裁。

最近在一本由政治思想史教授Annelien De Dijn所寫的*Freedom: An Unruly History*中，我再度了解到歷史重訪對於現實的重要作用。作者說，她之所以動念寫這本書，是因為歐巴馬時期為了推動健保所受到的阻力，當時人們流行的「自由」觀念認為這是政府擴權並有害民主：自

---

25 斯金納認為它導致一種偏頗的或左翼的政治立場，而新羅馬傳統則可以救治之。作為理想的公民要求其法律與生活要合乎一套「德性」（morai virtues），而與之敵對的一派以霍布斯為代表，則認為自由來自土地所有權，它為法律所保護。雖在法律下，但只極微少地與state發生關係，使得馬克思主義者或霍布斯主義者了解保護「公民自由」（civil liberty）的重要性，並藉此提倡一種比古典自由主義更包容更豐富的「公民自由」。Quentin Skinner, *Liberty Before Liberalism* (New York: Cambridge University Press, 1998), p. 70.

由是政府不要多管事，一種帶有個體的，甚至無政府意味的，這使得政府做任何有意義、進步的變革都很有困難。於是她重訪「自由」的兩千年史，發現在古雅典時期，人們對自由的原初意涵是人們有能力去控制或促發政府使事情發生。作者指出古代雅典的自由在十九世紀被新式的自由思想所掩蓋，自由不再是治理，而是如何使自己從統治中脫出，政府愈小自己便愈自由——不管是誰在控制政府。[26]

歷史可能是一種「負擔」，也可以是一種解放。我所指的「負擔」就像尼采在《歷史對於人生的利弊》裡頭對蘭克（Leopold von Ranke, 1795-1886，德國歷史學家）以來的歷史主義的批評，尼采說他們將歷史片段化、碎片化跟現實脫節，任由過去的歷史重壓在人的身上。尼采的話不盡公平，其實，歷史也有解放的功能，如果不回顧前史，很可能就像前面所提到的，不知道「心」和「物」的二元分割其實是近一兩百年才從西方發展出來的，而後來人們卻將「心」和「物」二分當成討論人的一種本質性的東西。又如二十一世紀強調資本主義的本質是自身利益（self-interest）與競爭，很多人都認為，這個觀點是來自於亞當．斯密（Adam Smith）的《國富論》。可是阿馬蒂亞．森（Amartya Sen, 1933-）重新審視亞當．斯密的著作，就發現他所討論的自身利益與競爭還在一定的範圍以內，是有分寸的。[27]

以我個人的研究為例，我主要從事十五世紀以降到近代的思想史研究，我首先想了解到的是近世社會以及近代思想的形成，簡單地說，是什麼造就了近代？是什麼造就了我們今天的思想與生活？透過這些研究，我也知道了這些形成過程中原本是有許多條路可走的，我們不應該

26 Annelien de Dijn, *Freedom: An Unruly History* (Cambridge, Massachusets: Harvard University Press, 2020).

27 Amartya Sen, *On Ethics and Economics* (NY: Wiley-Blackwell, 1991), Ch1.

把近代歷史中當令的勢力本質化，以為始終只有這條道路，讓我們對現實的境況有更多的思考與選擇。

「在心上的」與「在手上的」

我們一般都同意現代人缺乏「歷史意識」，但究竟什麼是日常生活中的「歷史意識」？在這裡我想談談一點個人的看法？

人們對「歷史意識」並沒有一個比較確定的說法，以下我將列舉幾種說法。譬如，知道所有事情都有來歷，都繼承了過去或改變了過去，才變成現在的樣子。而現在的抉擇與行動也將影響到未來。而且還能了解歷史的「乖張」、不可確定性。正如吉朋所說：「歷史是一個曖昧的歷程。」艾略特（T. S. Eliot）說：「只有在我們能夠看到並且考慮到他們和我們自己之間的區別時，才能夠真正對我們有幫助。」[28]

洪堡德（Friedrich Wilhelm Heinrich Alexander von Humboldt, 1769-1859）雖然沒有用「歷史意識」這個詞，但是我認為下面一段話是他對歷史意識的看法：「歷史學的基本要素，是史家對事件真確性的敏銳程度……知道世間中事物是不斷在變化著的，並且包括史家感覺到特定時空中的某件事情一定與它之前伴隨而生的事相關聯，受其限制及影響。」同時，「他知道一個事件有它內在精神的自由，有它的限制，也知道它受到偶發因素的影響，更受必然性的約束。」[29]當然，「歷史

---

28 T. S. Eliot, "Tradition and the Individual Talent," *Selected Essays 1917-1932* (NY: Harcourt, Brace and Company, 1932), p. 5. 本文中的譯文皆參考：卞之琳、李賦寧等譯譯，《傳統與個人才能：艾略特文集．論文》（上海：上海譯文出版社，二〇一二），以下不贅。

29 洪堡德（W. von Humboldt）著，胡昌智譯，《論史家的任務》（*On the Task of the*

意識」可以是充分了解「過去」與「現在」的距離，但又從中汲取養分，它也可以是一種「反瞻」，是在事情正在形成時，試著用未來幾代人的眼睛來看此刻正在進展的事，看出它們的可能。而在中古時代，過去與現在之間的距離是模糊的。

有人認為歷史意識使得政治人物更知道變革的必要，但也有人認為更為相反，因為有歷史意識所以要更尊重過去。有的說是：「因為對過去的理解與詮釋，而幫助我們對現在的理解，並思考未來。」或是用一個歷史的參考框架，檢視材料，反思歷史或歷史概念的用處。而且誰都要宣稱「歷史意識」與他們的行道有關，如管理學的歷史轉向。[30]

史學家Jösen Rüsen二〇〇四年的一篇論文中，對歷史意識提出了四種辦法，我把這四種辦法看成當「過去」與我們當前交匯時，可以做的選擇。

Jösen Rüsen說在約翰遜（Boris Johnson）一七七五年出版的*Journey*

*to the Western Islands of Scotland*中有一則故事，在蘇格蘭高地有一座Duart城堡是麥克連（MacLean Clan）家族的祖居地，在城堡上刻有一段話：「如果有一天，任何一個麥克羅尼希（Maclonich）家族的成員出現在城堡前，即使他是在半夜出現，身上提著一顆人頭，他也應該立即被請進城堡得到所有可能的保護」，這段銘文是因一段故事而來。在十五世紀，為了占據一塊土地，麥克連家族的勇士與卡麥隆家族（Cameron）爭戰，戰敗之後，領主懷孕的太太被征服者俘獲，交給麥克羅尼希家族看管並留下一道指令，如果這名婦女生男孩則應立即殺掉，如果是女兒則可以存活。就在這名婦女生下男孩時，麥克羅尼希家族的一位太太生了

Historians），《西洋史集刊》，二（一九九〇年十二月），頁二〇三—二二三。

30 Roy Suddaby, "Toward a Historical Consciousness: Following the Historic Turn in Management Thought," *Management* 19(1) . 2016, pp. 46-60.

女孩，他們偷偷把嬰兒換了，男孩長大後重新收復故土，並在自家城堡上刻下前面那段銘文，並在城堡中留下一個空間作為可能來到的人的避難所。

Jösen Rüsen說，如果過了近千年之後，有一個暗夜，麥克羅尼希家族的伊恩因犯罪被員警追捕而逃到麥克連城堡前要求保護，後者可以有幾種做法：第一，因為你認為一千年前的歷史約定仍有約束力，趕快讓他進來並保護他。第二，因為一些其他的原因，譬如你覺得為了回報一千年前的「恩情」或其他原因（而不是約定的效力），你決定讓他進來並保護他。第三，拒絕藏匿伊恩。但你還是複述千年前的故事及城牆的銘文，同時表示你並不相信它，或是說自從英國現代法律系統實行之後，古代家族之間的約定已經失效了。第四，你可以勸伊恩，躲藏是沒有用的，但你可以盡可能幫他，譬如幫他請律師，但你仍複述為了尊重整個故事及銘文，但加上一段話，在過去千年中法律已經經歷許多變革，但於歷史你仍覺得應該幫助任何麥克羅尼西家族的人。[31]歷史意識如何進入我們現實的道德思考及行動，在這裡具有「歷史意識」並不必然是不問現實，只顧著照銘文上所說的去做，而是既充分考量歷史，也充分考量現實。

在這本書中，我是這樣定義日常生活中的「歷史意識」的：「歷史意識」不一定是遵循過去的歷史，歷史意識是一種狀態，「努力使歷史上的成為此刻現實中的同時性（contemporary）的意識」，或「使歷史上的成為我同時代的」意識。我認為日常活中的「歷史意識」是——我們不只活在當下，同時還活在歷史裡，過去與我們構成一個同時存在的

---

31 Jörn Rüsen, “Historical Conciseness: Narrative Structure, Moral Function, and Ontogenetic Development,” in Peter Seixas ed., *Theorizing Historical Conciseness* (Toronto: University of Toronto Press, 2004), pp. 63-65.

整體，要將「歷史的」變成與我「同時代的」，此即日常生活中的歷史意識。「過去」是一個層層累積的巨大混合體，同時「現實」也在不停地奔流——我們不知它是否在朝某個唯一方向奔流，也不知道它是否是同一條河流在奔流，但是我們要設法讓「過去」與「現在」形成一種「同時性」。

我所提到的「使歷史上的成為我同時代」的意識，與T. S. Eliot說的文學創作中之「歷史意識」相近。他在〈傳統與個人才能〉中說：「這種歷史意識包括一種感覺，即不僅感覺到過去的過去性，而且也感覺到它的現在性。這種歷史意識迫使一個人寫作時不僅對他自己一代瞭如指掌，而且感覺到從荷馬開始的全部歐洲文學，以及在這個大範圍中他自己國家的全部文學，構成一個同時存在的整體，組成一個同時存在的體系。」[32] T. S. Eliot又說：「這種歷史意識既意識到什麼是超時間的，也意識到什麼是有時間性的，而且還意識到超時間的和有時間性的東西是結合在一起的。」[33]也就是說，「當一個人具備歷史意識時，在他的意識中，歷史上發生的事情跟他之間有處於同一個時代的感受」，所以必須衡量它、審度它、從中吸取教訓。如果歷史上發生的事情並沒有與我們產生「同時代」感，那跟我們就沒什麼實際的關係了。

既然我對日常生活中的「歷史意識」的定義是把過去的「成為我們的同時的」（cotemporary to us），既然只是成為眼前的同時，那麼不一定是「照著做」，也可以是「接著做」。

為了說明歷史意識活動中，knowing與doing之間究竟是「照著做」還是「接著做」，我鑄造了兩個觀念：一是「在心上」與「在手上」的區別，一是借用自龔自珍（一七九二—一八四一）的「大出入」的觀

32 T. S. Eliot, "Tradition and the Individual Talent," p. 4.
33 T. S. Eliot, "Tradition and the Individual Talent," p. 4.

念（關於「大出入」，在第四章還會談及）。在這裡我要先談「在心上」與「在手上」的區別，並試著談一下如何化「在心上」的為「在手上」的，也就是如何化knowing為doing。《尚書》中所說的「敷奏以言」接著是「明試以功」，前者是knowing，後者是doing。就像軍隊，讀完操典、戰史等，還要不斷地演習，使knowing的部分成為自然而然的doing的部分，使得前面的我及後面的我能合在一起。所謂讀史是為了在歷史中「求識」，那麼所謂的「識」，便包括「照著做」與「接著做」，而且還要能隨時判斷何時應「照著做」，何時應「接著做」。就像法學傳授專門的、基礎的學理，但受教的律師隨時要面對一個戰鬥狀態（為當事人辯護），並提出一個「方案」。這個方案可能涉及一些學理性的問題，譬如有關「正當防衛」的各家各派的學理研究，這時他可能得回去請教教授，他必須隨時注意各種相關條文的修訂、注意到各處去搜尋有利的證據等等。總之，他隨時要針對現況，把所有用得上的資源派上用場，形成可用的「方案」，這便是從「在心上」的到「在手上」的變化。

我個人認為，克勞塞維茨的經典之作《戰爭論》中，有一個重要的部分就是在教導人們如何將戰史運用到實際的戰爭之中。克勞塞維茲常強調「科學」與「藝術」的不同，也就是說戰爭的歷史、戰爭的知識是科學的，但運用之妙存乎一心，那是「藝術」。克勞塞維茨《戰爭論》的最後一或二章，在區別歷史上的戰史和實際上的情事時，談到「科學」和「藝術」雖然不同，但兩者有關係，knowing與doing亦然。克勞塞維茲說：「科學必須成為藝術」，「亦即這知識必須徹底融入頭腦，幾乎完全不再是某種客觀的東西」，「通過與他本人的心靈和生命的這一完全同化，知識轉變成真正的能力」。[34]在〈戰爭藝術或戰爭科學〉

34 克勞塞維茨著，格雷厄姆英譯，時殷弘譯，《論戰爭的性質》，頁一五七。

中他說，「行（doing）」無法恰當地寫在任何書本裡，因而「藝術」也絕不應用為一本書的書名（and therefore also art should never be the title of a book）。[35]「科學」與「藝術」並不能截然切分，兩者永遠要在一起，「科學」中也有「藝術」的成分。「判斷」屬於一種「藝術」，但其中也有高低之分。

在我看來，「科學的」是照著客觀的學問去做，「藝術的」則是如何將客觀之學運用到現實的境況之中，本身即是有許多考量、適應、變通。克氏在許多地方，論證何以純學問的專家未能成為一流的將領，其中原因之一便在未能變「學問的」為「藝術的」。所謂「藝術的」是經過另一個自然意識的階段才有可能成為自己的生活知識，也就是說從歷史裡來的生活知識只能是別人的生活知識，而不是生活本身的知識。

《資治通鑑》在講一件歷史中大事的發展時，常常將臣下的各種不同意見一一臚列之後，再從事情最後的發展回頭去看，究竟哪一家的建議比較對，然後司馬光（一〇一九—一〇八六）再作一個評析，這也是磨練讀者從「在心上」轉到「在手上」的一種辦法。讀史要充分熟悉史事，並時時磨練自己，使得自己像是歷史上的那位人物，使得自己可以幾乎脫口而出，說出歷史人物想說的「下一句話」。[36]我覺得這「下一句話」頗值得注意，對史家而言是指幾乎能客觀重建所研究的人或事，而對用史的人來說，即是幾乎能替歷史中的人物決定在那樣的局面下，下一步要怎麼走。「在心上」的，是盡可能掌握所有的歷史曲折與細節，「在手上」的，是幾乎能說出下一句話、作出下一個行動的能力。

人們遇到特定情境而召喚歷史知識時，就像一個掉進水裡的人，他

---

35 克勞塞維茨著，格雷厄姆英譯，時殷弘譯，《論戰爭的性質》，頁一六〇—一六一。

36 傑佛瑞．埃爾頓（Geoffrey Elton, 1921-1994）曾說一位好的史學家，在徹底研究歷史人物之後，應該幾乎能說出他所研究的歷史人物要說的下一句話。

要奮力掙扎求救，把所有用得上的東西都抓到手裡，就像一個坐在被告席上的嫌疑犯，為了答辯，必須馬上把所有用得上的證據都搬出來。不管是個人或團體，隨時都會面臨決定、挑戰的關鍵時刻，在這種前景不明、危疑不定、來勢洶洶的時刻，所能倚靠的是平日知識的積貯。歷史知識的積貯提供了「參考架構」：當一個人內心中的積貯愈豐富、愈深刻的時候，他便愈可能針對眼前所遇到的某一個問題或事物產生特定的熟悉感、具體感，而能更有創意地回應它們。

歷史知識如何化為實踐性知識，如何由「科學的」成為「藝術的」，如何由「知」的變成「行」的，如何由knowing變成doing，如何由說得一口好菜到做得一手好菜，從說得一口好經濟到真能振興經濟。這件事非常複雜，每個人心智、才能、性格等複合性的因素在這件事上，就像「智育」、「德育」始終不一定是同一件事一般。具備了心智、性格、才能，但最重要的仍然是「經驗」，在臨床技巧、航海、醫藥等方面尤其如此。

一個學習歷史的人要如何從「在心上」的到「在手上」的，這大致可以分成幾個步驟。首先是設身處地地讀史，使自己成為歷史的熱情探索者，以深入體會歷史的曲折，積貯一筆歷史的資本。讀史當置身其間，觀其成敗；讀史當貫穿一事之本末，細審癥結之存在，使之化為「可行動化」的知識。第二，是王陽明（一四七二—一五二九）所說的「事上磨練」或顏元說的「犯手作」。王陽明強調熟讀兩京十三省地圖與實際走一次兩京十三省的路程是不同的，前者即「在心上」，後者即「在手上」，但是沒有熟悉兩京十三省的地圖，也到不了京師。好比軍人在受過各種訓練之後，他仍只是「在心上」，而不是「在手上」。除了熟記準則，反覆訓練之外，還有仿真實情境的演習，到了不但能「照著講」，還能「接著講」，或是「能說出下一句話」、「能做出下一個動作」的地步。好比畫家，不停地臨摹，練習技法，創作時是「思之不思」、「不思之思」。透過練習，使「在心上」的逐漸轉為「在手上」的。美國第二次世界大戰的幾位五星上將，第一次投入戰場時有些已是營長了，如布萊德雷在第一次上戰場時，座車被炸飛，差點丟掉性命。足見「在心上」的與「在手上」的，還是有一道鴻溝要跨越。

在掌握經濟事務一事，也可以看出「在心上」與「在手上」之分別。在過去十多年，臺灣的經濟不振，已是不爭的事實。在一次又一次振興經濟方案的失敗後，中研院的經濟學院士被延攬入閣負責與經濟有關的事務，包括對問題的釐清、分析可謂異常精闢準確，但是收效有限，人們逐漸發現這些了不得的經濟學者「手感」不好，相同的問題也發生在許多地方。當人們做決定時，是以全身的重量在做決定，乃至個人氣質、性格、膽氣的全部展現。是全部「心量」在發揮作用，是使「在心上」的化為「在手上」的磨練。

第三章

歷史與個人生命的模式

前面的討論偏重事，本節的討論則偏重人，尤其是在性格與人格的養成這兩個惱人的問題上，歷史向我們展示了什麼？

我在〈人的消失〉[1]這篇文章中，說明近百年來中西方史學寫作或是廣義的人文學的研究取向中，有「去人格化（depersonalized）」的傾向，意即人的角色越來越模糊。這是二十世紀人文學很大的危機，而史學著作中「人」的消失更是一個非常重要的現象。我們無法假裝百年來的史學沒有進步，事實上它幫助我們了解很多傳統史學家所沒有掌握的更深層的結構性因素。我們不可能簡單地回到《史記》以來的紀傳體，也不可能假裝百年來的各種思潮沒有發生過，但也不要過度地被它們牽著鼻子走，應該重新思考「人」在廣義的人文學科，尤其是歷史學中的角色。

「性格與歷史」

古希臘的赫拉克利特（Heraclitus）有一句名言「性格即是命運」，這句話提醒我們，人的性格是歷史中一個必需思考的因素。我常常用一個比喻來講性格跟命運的關係，即「門決定房子到什麼程度」或是「房子決定門到什麼程度」。[2]我們不可能為一個小房子蓋一個極大

---

1 王汎森，〈人的消失!?——兼論二十世紀史學中非個人性歷史力量〉，收入拙著《思想是生活的一種方式：中國近代思想史的再思考》（台北：聯經出版公司，二〇一七），頁三一四—三五〇。

2 神學家保羅．田立克（Paul Tillich）在《系統神學》裡說：「神學跟現實的關係就像是門決定房子到什麼程度，或是房子決定門到什麼程度。」書中提及相關的方法論不少，特別是神學影響現實，現實也會回過來影響神學。Paul Tillich，龔書森、尤隆文譯，《系統神學》第一卷（台南：台灣教會公報社，一九九三），頁四—四八。

的門，也不大可能為極大的房子蓋一個極小的門，所以門跟房子是互相決定的，它們不可能是完全沒有關係的，也不可能單方面決定對方。打麻將時，有的人拿到一手好牌可是還是輸了，有的人拿到一手不怎樣的牌，憑著高超的技巧、憑著運氣，或是憑藉在牌局過程中與他人的互動，最後還是贏了。當然拿到一手一塌糊塗的牌，即使是牌中高手，獲勝的機會也偏低。就像性格不可能完全決定命運，有些人有極好的稟賦，但他的人生還是失敗了；而有些人天生稟賦不怎樣，卻在一些特殊的地方運用所長，他的人生結局還是好的。所以我對赫拉克利特的「性格即命運」並不完全反對，但也不完全同意，人的性格跟他的命運是互相決定的，後天要依靠先天，先天也要靠後天。

「性格」這麼獨特的東西怎麼能成為歷史的題目，其實「性格」是個很重要的歷史題目。每個時代都會有某種偏好的性格特質，這其實反映了時代的思想心態，而每個文明、國家、不同時代的標準都是不一樣的，這就是一個歷史的題目，也可以是比較史的問題。譬如中國史書中常常用來形容某人從小所顯示的偉人氣質是「弱不好弄」，在西方則可能認為從小不好動，是個貶詞。秦漢以前跟魏晉南北朝、宋代前後、民國跟清朝、五四運動前後、共產革命前後等，偏好的人格特質都是不一樣的。在這裡我想以歷史中的各種事例，說明人可以因「轉」、「量才適性」，超越自己天生性格的限制，而得到成就、事業與人生的智慧和勇氣。肯尼斯・柏克（Kenneth Burke, 1897-1993）說過：「一個故事先於一個人生。」這句話看來很玄妙，大意是說人生本來是茫茫無定的，而歷史的範例可以賦予生命軌跡。許多人的人生，是從歷史上某一個人物的軌跡中獲得現實人生的暗示、指引，並賦予生命的結構。[3]譬

[3] 又如英譯修昔的底斯的《歷史》的霍布斯，在寫作的方式上受到修昔的底斯推論架構的影響。Paul A. Rahe, "Thucydides as educator" in Williamson Murray, Richard H. Sinnreich

如蘇東坡學白居易到了維妙維肖的地步，而清初的宋犖則自認為是蘇東坡的後身，此後一生的生命軌跡、成就，也多與蘇東坡相似。

史書對一個時代的人物性格形成有很大的影響，司馬遷之所以了不起的原因之一是他把人物的性格都寫活了。清朝有名的史學家章學誠就抱怨中國歷史上的正史寫人的時候，太為「格套」所拘束，所以他只寫一般傳記不寫進去的東西，如此才可以把那個人的性格凸顯出來。不信的話我們可以去把正史裡面的列傳拿出來看，雖然內容各有不同，但大致上有個「格套」，這樣的人格理想必然會影響到讀者後來人格的塑造。二十四史中除了《史記》有貨殖列傳以外，《漢書》以後便沒有了，不只影響了後人對商業的看法，對中國傳統的社會道德與人格塑造也都有影響。傳統中國不認為商人是一個重要的階層，可是西方世界從十五、十六世紀以後商業是社會的主體。可見文明深受史書寫法的影響。

西方有一部文學史的經典《摹仿論》，這本書是二十世紀非常有名的一位文學史家在躲避戰爭時寫成的。《摹仿論》說，西方人的性格有很長一段時間很受《聖經》裡面的人物的影響。就像前面所說的，中國文化亦有很長一段時間，總是力求人的性格合於某些格套。故我們不要以為性格是個人的，其實它暗中受了幾種「格套」的影響，歷史書寫裡面認為怎樣的是好人，怎樣的是將來有前途的，都潛移默化地影響著時代中的人們，提供了一些模型與典範，所以「性格」也可以是一個普遍的課題。

由於《碑傳集》常常匯集一個時代各種人物的傳記，所以透過幾種《碑傳集》的比較，可以看出人的性格在每個時代的不同模式（pattern），而這些模式又反過來影響眾人。譬如，在《民國人物碑傳

---

eds., *The Past as Prologue: The Importance of History to the Military Profession*, p. 99.

集》裡，我注意到能被收入的人物性格與古代的模式不同，近現代的人物性格要有相當的能動性、要有鬥的能力才能成為主角。這是一個大的變化，近代很多名人的個性在傳統文化書寫裡是不入流的，可見一個時代的現實格局與人格型式之間的緊密互動性，而當這些成功的人格又成為一代典範時，對於年輕一輩的影響是非常重大的。

歷史提供許多典範性人物，讓它的讀者們學習。實際人物的模型其實比抽象的哲理更具感染力，更有轉移人的力量，許多人從小到大心中便有那麼兩、三個想模仿的人物，這是隱隱然自我塑造的過程。晚清以來的人物很多是以曾國藩為模型來清理、引導自己生命，例如蔣介石還有早年的毛澤東。除了曾國藩，他的部下胡林翼，也是清末民初許多人學習模仿的對象。蔣介石大力提倡胡林翼編的《讀史兵略》，毛澤東的個性與做事風格裡面，也有一部分受胡林翼影響，他把胡林翼的字號「潤之」移來作自己的字號，他說胡林翼辦事又大又精，又說曾國藩、左宗棠、胡林翼把太平天國收拾得何等漂亮，即可見其傾向。

中國思想史裡，對人的性格與自我是非常關注的，像魏晉玄學裡面的「才性四本論」。《人物志》、《世說新語》的很多內容都是講性格的，譬如看一個人坐的姿態、醉的姿態，甚至是搶劫時的神態，就可以判斷性格、判斷其未來成就。《人物志》把人的性格分成十八種，把人的才能跟性格兩兩相比，這種書在世界上並不多見，人類思想中很少把對人的「品藻」跟「風鑑」當作一個系統的哲學問題來思考。[4]《人物志》裡，認為能擔大任的性格是「既在乎又不在乎，不在乎中又時常在乎」。人的性格要像白開水一樣，因為像白開水一樣的人才能調和各種

4 名哲學家牟宗三先生有一本書叫《才性與玄理》，其中有很大的一部分就在討論《人物志》這本書。這是魏晉思想的一個大題目，這個題目後來在歷史上慢慢沒有那麼重要，但是在相當長的時間裡，分析一個人的才能跟性格是中國思想裡很重要的一部分。

不同的味道，才能調和各種不同才能的人，所以《人物志》裡面認為最高的性格是「平淡」「中和」，「中和」兼有「平淡」和「聰明」，它就是像水一樣，「真水無香」，真的水不能是香的，香的水不能煮飯、不能漱口。所以《人物志》裡面認為最高的性格叫做「平淡」「中和」，唯「平淡」「中和」才能調和各種人物性格、各種團體並領導他們。

宋明理學中「變化氣質」是一個重要的問題，有很深的思想跟哲學的意涵在裡面。明代有名的思想家呂坤，自號「新吾」——「新的我」，意即希望丟掉舊的我來成就新的我。但呂坤在〈自纂墓誌銘〉中說：「恨舊染之予汙也，自號新吾，顧浣濯弗力，竟是舊吾云」[5]，大意是我雖然花了幾十年的功夫想要變成「新吾」，可是到這時候我發現仍然是舊的我在講話。可見變化氣質雖是可能的，但是很難徹底變化。朱熹自己也有類似的話，因為這個造物本來就是「萬殊」的。世界是萬殊的，是不同的，不同當然會不完美，但也因為不同才有意思，才有創造力。

我傾向人的性格裡面分成很多層，就像法國當代年鑑學派的大師布勞岱爾提出歷史有三個層次：事件、中時段、長時段。布勞岱爾是認為長時段最有價值，而事件就像往天空投擲火把般，很快就恢復一片漆黑，所以事件是沒有用的。我在考慮人的性格的這個問題時，也想到布勞岱爾的三層時間觀。變化氣質很難徹底做到，就像長時段，布勞岱爾認為它包括氣候、地理、物產，這些是千百年不變的。人的性格裡面有一部分是不容易改變的，但是也有一部分像局面、事件是可以變的。蘋果雖然不能變成櫻桃，但是可以將蘋果培育成稀世珍品。尤其是十幾、二十歲的時候，性格中比較表層的部分便比較容易改變，這是努力將自

5 呂坤，〈自纂墓誌銘〉，《呂坤全集》（北京：中華書局，二〇〇八），頁五三〇。

己塑造成一個想像中的理想人格的機會。

但是正因許多天生的氣質極難「變」，所以是「轉」而不是「變」。夏承燾《天風閣學詞日記》裡提到「轉」，他認為人的性格中有部分極難變但是可以「轉」。[6]「轉」就是「量才適性」、「盡其在我」，只要用對地方、用對時機，人人都能有所成。首先，我以為大致有兩種不同的「轉」：領導者必須對屬下「量才適性」，將他們擺在合適的工作、合適的時機。自古以來，「官人」的用人便是一門很大的學問。有所謂「九品官人法」，負責「官人」也應了解「轉」的道理，體察部屬性格的特點，即使是有明顯的缺陷但只要用在最合於這個性格發揮的位置上，所謂「因才器使」，即有此意。

另一種「轉」是針對自己的。針對自己有兩種不同的「轉」，第一種「轉」是前面所說的，轉變自己性格中比較可能改變的層次，積極的「轉」以改變性格中不好的部分，使自己成為一個更好的人。第二種

「轉」比較不一樣，它是「量才適性」，透過自己的反思或是他人的幫助，了解自己性格的特點，尋找一個為公眾的利益、為善良的立意全力獻身的機會。這個時候的「轉」似乎有三個步驟，第一是認清自己的「才性」特質，第二是認清時代的情況，第三是選擇一個適合的工作，全力投入自己。

清朝考證學大家阮元，是位了不得的經學家，同時也兼做大官，三十多歲就作巡撫，五十出頭作總督，一路做到幾乎沒官可以做了，就被派到邊區去作雲貴總督，最後作體仁閣大學士。阮元編了幾部大書，譬如《皇清經解》、《經籍纂詁》等。當時浙江有詁經精舍，他讓精舍裡聰明的學生去寫考證文章，資質平庸的學生則集合起來編了一部工具書

6 夏承燾，《天風閣學詞日記》（杭州：浙江古籍出版社，一九九二），頁三一〇。本書中論「轉」的部分，主要參考此書。

《經籍纂詁》。兩三百年來人們都還在用《經籍纂詁》，這是阮元給一群天資不高的學生設計的一件工作。如今《皇清經解》裡那些聰明人寫的文章都已經不大有人理會，而資質普通的人編的《經籍纂詁》則還在用。

傅斯年在《石屏詩集》（十卷，宋戴復古撰）第五冊末自跋說：「黃蕘圃（學問）可笑一至於此，彼好人所不好之事而專，遂留後世名，然則聰明不如專一也。」傅斯年認為，黃丕烈並不聰明，而是秉其性格，專一於版本目錄之學，亦可以有特別的成就。[7]傅斯年有句名言：「進我史語所的人即便是天資普通的人，將來也可以青史留名」，為什麼？史語所中天資不高的人編材料書，天資高像陳寅恪這樣的人去寫他的《隋唐制度淵源略論稿》、《唐代政治史述論稿》，而兩者都有各自的貢獻。

夏承燾《天風閣學詞日記》，記載了一些歷史人物如何「轉」他們不好的性格而成有益之事的故事。《明史》記載張煌言早年「喜呼盧」，「呼盧」是賭博，張煌言從年輕時代就是個賭徒，沒辦法還人家賭債的時候，把家裡的田產通通賣掉，這樣個性的人後來成為有名的抗清烈士，他等於把這個不要命的部分「轉」為一個忠臣要做的事情，成為抗清的英雄。另一個賭徒是桓溫，桓溫北伐時，很多人就講「這事情能交給桓溫嗎？」有人就說你看他賭博「不必得則不為」，不會贏的他絕對不幹，所以他敢率軍北伐就表示他一定有把握。桓溫與張煌言，兩人都是賭徒，但仔細看兩人的性格還是有不一樣的地方，所以有不一樣的成就，一個成了將軍、一個則是烈士。[8]歌德曾有句名言，能有大成

7 王汎森、邱仲麟主編，《傅斯年眉批題跋輯錄》第四冊（台北：中央研究院歷史語言研究所，二〇二〇），頁一二四。

8 夏承燾，《天風閣學詞日記》，頁三一〇—三一六。

就的人有兩個特色：一個是好的頭腦，一個是好的時勢。光有好頭腦不夠，還要繼承一宗時代資產，所謂「時勢」就像一個人繼承了一個龐大的遺產，這資產可能是正的也可能是負的。朱熹說，他發現某一個禪宗寺院牆上掛的歷代大師都真的像土匪（渠魁）。這其實可以理解，禪宗要人斬斷一切，逢佛殺佛，逢祖殺祖，逢羅漢殺羅漢，逢父母殺父母，逢親眷殺親眷，始得解脫。土匪般膽大斷然的個性，可能對這個修道過程是有所幫助的。明代名僧紫柏尊者（一五四三—一六〇三）整個生命無不充滿戲劇張力，而史傳說他出家前飲酒恃氣，自稱「吾本殺豬屠狗之夫」。大約他是個混跡市井的無賴，偶然邂逅某一僧人，在虎丘寺聽聞八十八佛名，隔天便剃度出家，從此一生不曾躺臥，直至圓寂。這一類的例子所在多有，也是「轉」的一種表現。

《天風閣學詞日記》上說，宋元人筆記說文天祥的頭頂上面有「凶髮數莖」，看相的人就說頭頂上有凶髮的人不得好死，可是文天祥的

「不得好死」選對了時機跟情況，變成了「留取丹心照汗青」，人們到今天還在歌頌他的精神。又如「司馬光砸缸」，好像他很急智，但是他同時代的前輩——邵雍，是位非常聰明的人，他寫《皇極經世》用非常複雜的術數之學推測人類遙遠的未來。邵雍認為司馬光只不過是一個天分不高的老實人，但司馬光充分發揮他天分不高的老實的性格，耐著性子慢慢地去編《資治通鑑》。《資治通鑑》全書涵蓋一三六二年，三百萬字，耗時十九年，留下了一部傳世經典。

善用其短也可以成為人才。章學誠次子章華紱在道光大梁本《文史通義》序裡面寫到，其父是個天資普通的人，記憶力很差，所以沒辦法成為一個考據學家。清朝流行的是考據學，一個沒辦法成為考據學家的人，在當時是很難居於核心地位的。可是章學誠擅於思考，他就用自己的特質成就了一個了不起的史學家。現在回頭去看，他與當時天資極高的考據學者戴震已經成了清代中期學術中並峙的雙峰。

歷史上開國跟治國的往往是兩批人，第一群與第二群人略有不同，第二群人往往做不了第一群人，可是當第一群人堅持要做第二群人的時候，國家往往就大亂了。開國是破壞、是不能遵守常規，開國者每每是靠武力攻伐而得天下，所以他們主要對付的是敵人，而治國時要常規化，不能再總是把人民當成「敵人」來處理。

從歷史上看，還有一種「轉」，是從整體社群出發講的，在這裡我要舉日本思想史上重要的思想家荻生徂徠的話為例，進行討論。他在《辨名》中有關「德」的一則話：「德者，得也。謂人各有所得於道也，或得諸性，或得諸學，皆以性殊焉。性人人殊，故德亦人人殊焉。夫道大矣，自非聖人，安能身合於道之大乎。故先王立德之名，而使學者各以其性所近，據而守之、脩而崇之。……蓋人性之殊，譬諸草木，區以別焉。雖聖人之善教，亦不能強之，故各隨其性所近養以成其德，德立而材成，然後官之。及其材之成也，雖聖人亦有不能及者。」[9]荻生徂徠從來不曾提出「轉」的觀念，但我覺得從荻生的思想中可以發掘出另一種「轉」的道理。

荻生認為儒家聖人之學是「安天下」之學，一切學問是為了要「安天下」。他推崇孔子，但反對孟子等人專為「論辯」而不顧實際。聖人之道歸於安民，所以荻生從社群的角度出發立論。從社群的角度立論，則一個健康的社群需要各色人等，而不是人人都成了一模一樣的聖人，這也就是「德以性殊」。[10]而從社群性來考慮這個問題，似乎有以下幾個特徵：一、「是皆以一德言之，不必兼眾德也」，[11]聖人豈不欲人人

9 荻生徂徠，〈德〉，《辨名》，收入荻生徂徠撰，今中寬司、奈良本辰也編輯，《荻生徂徠全集》第一冊（東京：河出書房新社，一九七三－一九七八），頁四二三。
10 荻生徂徠，〈德〉，《辨名》，《荻生徂徠全集》，頁四二四。
11 荻生徂徠，〈德〉，《辨名》，《荻生徂徠全集》，頁四二三。

兼眾德，但事實不可能。二、「故資治於君，資養於民，農工商賈皆相資為生，不能去其群獨立於無人之鄉者，惟人之性為然」。[12]也就是說，從社群出發考量，則不是要各色人等變成一模一樣的聖人，而是就各色人等加以培養、加以「轉」，使其成為在一個社群中能充分發揮其天賦特性的健全分子。

另一方面，荻生反對宋儒「變化氣質」之說，他認為「聖人不可學而至焉」「故知變化氣質之說非矣」，[13]性是可「移」的，不是可「變」的，這是一個關鍵性的論點。他強調人天生下來便「德之性殊」，只能「轉」所不及之處，而不可能把個人徹底變成聖人。他發展一整套成德的功夫作為基礎，這套基礎事實上即他道德哲學中帶有特色的部分。

荻生徂徠在《辨名》、《辨道》中反覆強調人性各殊，米不可能變成麥，但他還是積極的。雖然不是人人可以變成聖人，但是各殊的人的

「德」，仍有一個培養成長的過程，這也就是「德」與「至德」之不同，原先只是「德」，用禮樂、用仁智孝弟忠信等「養」之，便可以成為「至德」。故我設想荻生徂徠如果也講「轉」，是要講在承認人人各殊的前提下，經過一個培養發展過程的「轉」，經過這一「轉」之後的「德」即是「得」也。

前面提到過，史書中提供我們兩種「轉」的型式：第一種「轉」是積極的「轉」，是盡量變化氣質，即使不能把稻子變成麥子，但是也可以設法把很貧瘠的麥子變成飽滿的麥子，這是積極的方式。第二種「轉」是比較消極的，把有特殊才性的人放在對的位子，也可能有大成（「量才適性」）。「性格」與「歷史」是一道永恆的習題，作為一個

12 荻生徂徠，〈仁〉，《辨名》，《荻生徂徠全集》，頁四二五。
13 荻生徂徠，《辨道》，《荻生徂徠全集》，頁四一四、四一九。

閱讀歷史的人，我們應時時在歷史中識認出各種「性格」及各種形式的「轉」，並轉而在我們身上汲取、驗證這些歷史，使它成為我們現實生活的一部分。

歷史中的典範人物

接著我想談，歷史是培養人格的寶庫，它提供我們各種史例，成為各種人生的模本。

曾經有一位記者訪問我，談如何成為一個領袖，我說我不足以談這個問題。但是如果要我勉強舉一個例子，小提琴家穆特（Anne Sophie Mutter）說過一段話，要一個人成為航海家，先要給他看航海的美妙，他自己就有辦法逐步摸索達到。就是說先要給他一個vision，譬如大船航行世界的壯闊之美。vision一旦刻在心裡面之後，他便會設法學航海、造船等以實現這個vision。

歷史教導我們許多領袖人物的特質：譬如宏闊的心量，請比自己聰明的人來替自己做事情，集天下人之智為自己辦事等。史書裡面講唐朝楊貴妃的哥哥楊國忠「以惡感惡」，絕不容納任何一個比他能力強的人。*genius loci*是一個拉丁字，近年來慢慢有人在用，就是描述一個特定環境對心智的培養的力量（the spirit of a place）。熟悉近代思想的人都知道，康有為、梁啟超跟孫中山（一八六六—一九二五）這三個人決定了晚清思想的走向。康有為說我們要在大自然裡面「觀」，看大自然來擴大我的心量，我覺得這就是用大自然的宏闊來擴充心量。康有為在《南海先生口說》跟他弟子的談話中強調，「觀」要在高遠的地方看，「我大則事小」，也就是說你的心量如果夠大，事情就小。

歷史教導人們，做一個領袖人物要有挑戰性的目標，如果缺乏一個有挑戰性的遠景和目標，下面做事的人就沒有那種我要完成一些東西的熱情。我們今天雖然覺得三民主義沒有什麼，可是孫中山當時提出三民主義時，很多人覺得這是一個了不起的遠景（可惜他三民主義沒有講完，孫中山準備了材料要繼續寫，但陳炯明事件把他材料毀掉大半），讓人們覺得我要跟著你走，就像訓練跑步有個帶跑的人在前面。當時馮玉祥在北方看到《建國方略》時大為感動，終於有個具挑戰性的遠景與目標。所以一個領袖人物要提出一個具挑戰性的遠景。

歷史中提供許多我們現時不一定會遇到的典型人物，讓人們可以隨意在歷史上找人作模範。接下來我要舉幾個例子，說明許多古今中外知名的領袖人物多少都會以歷史名人為模範。

拿破崙是一個了不得的領袖，而且是非常有魅力的領袖，用韋伯的話講是說charismatic leadership。拿破崙也繼承了時代的資本，即一七八九年革命以來的動盪。如果沒有這筆資本，拿破崙可能也只是個普通的軍官而已。拿破崙的人物典範是凱撒，他連頭髮的分法都跟凱撒一樣。土耳其國父凱末爾是眾多以拿破崙為模仿對象的人物之一；越戰時期，北越的軍事領導人武元甲是歷史老師出身，以對拿破崙史事的熟悉運用而起家。我一直很好奇為什麼華盛頓在打完獨立戰爭、出任總統之後，選擇放棄榮華富貴，回到故鄉的莊園。原來華盛頓的學習典範是古羅馬的大將軍辛辛那提，古羅馬那些有名的將軍最理想的人格表現就是勝利之後回到家鄉營造一個莊園，不要去干涉政府，然後在那邊度其一生。

二十世紀政治哲學大師約翰・羅爾斯（John Rawls, 1921-2002）死後，哈佛大學普特南（H. Putnam, 1926-2016）教授寫了一篇悼文，說羅爾斯亦步亦趨地學林肯，讀了幾乎所有有關林肯的東西。他說羅爾斯有一個重要的思想概念「重疊意識」（overlapping consciousness），他懷疑是從林肯那邊轉手而來的。

前述蘇東坡學白居易，宋犖學蘇東坡，皆可見人物典範的作用。近代學者胡韞玉編了一本《包慎伯先生年譜》，包世臣（一七七五－一八五五）是清代中晚期的經世思想家。清朝考據學獨領天下風潮多年，很重要的一個特質是太過專注於專門的細節，而跟現實脫離關係。因為考證學需要龐大的文獻證據，要花很多時間在古書之上，所以考證學者的生活，當然脫離現實經世。包世臣的母親說他「違俗為有用之學」，在考證學風之下，居然認為有用之學是違反潮流的。他做了很多現實的經世致用之務，胡韞玉編包世臣的年譜時，也以他為師。我注意到胡韞玉一生在家鄉做了很多跟包世臣一樣的事情，就知道他亦步亦趨地模仿包世臣。此外，晚清思想家馮桂芬學顧炎武（亭林），故字「林一」，他也是事事想模仿顧炎武。這一類的例子相當之多，此處便不一一贅述了。

從歷史看來，「人」在歷史中的角色非常重要，這是我一開始所講的。尤其在結構即將轉型的時候，關鍵少數的性格極其重要，但二十世紀的史學流派基本上都是傾向「去人格化」，或不再關心胸襟、器識、格局的培養。唐代施肩吾有一句：「大其心，容天下之物」，這裡的「大其心」，就有「擴充心量」的意思。想像自己的心是一個浩大無比的空間（包括胸襟、器度），可以容納天下萬物，並想像用歷史或一切用得上的知識與道理去充實它。

關鍵少數的重要性，歷史中到處都可以看到。當年蔣經國所選的繼承人如果不是李登輝而是林洋港，臺灣後來的發展當然不一樣。社會雖然有結構、經濟、政治、潮流等等因素，這就像一個大水庫，可是還是得要有人打開水龍頭，所以如果沒有列寧，俄國的大革命可能仍舊會發生，但是不會以那樣的方式發生。而才能、性格、心量在歷史的關鍵時刻都扮演著重要的角色。

第四章

如何讀史？：從「讀者」角度出發的觀點

讀史本是為了求「識」，「由歷史而求人群之原理」，[1]而「識」來自事實（fact），但不限於事實，往往在事實與事實的虛實交會之處得出。「務精博」可以培養解析各種事物癥結的能力，「觀大略」則是一種理解整體大脈絡的能力，「精博」與「大略」在閱讀歷史時都可以派上用處。

「觀其得失而悟其會通」

「讀史」的方法何其多，為了「求識」應如何閱讀歷史？首先要能「詳觀」史文，即我們所玩味的那一段歷史，好像在我腦海中活過來、亮了起來。還要能「善處」其間，宛如自己參與其事。接著要能「體認」，也就是引回到自身，譬如古人古事有沒有什麼可以師法的？有什麼可以警惕戒懼的？或前人在那些特定條件下，如何完成某些特定的事情？又或者他們為何失敗？第二，從紛繁的事象中歸納出「類例」，並能「知類通達」，最好能從事象中見「理」，甚至歸納出一些大致的「通則」。如我個人歸納出歷史上若干舉兵叛變，常常出現一個模式——不行動的話，可能被殺，家族也可能被族誅，便是一個例子。第三，「以古持今」、「以今持古」，這裡的「持」字解釋為「扶助」，要能以古「扶助」今，以今「扶助」古，還要「以近知遠」、「以一知萬」、「以微知著」。第四，要在事象與事象的聯繫交會處「觀其得失而悟其會通」。第五，要在歷史的長時段中，「察勢觀風」、「原始察終，見盛觀衰」。柳詒徵曾說：「觀其史之始末，入也」、「察風氣之

1 柳詒徵，〈史識第六〉，《國史要義》，頁一九三。

變遷，出也」。前者偏在事件，甚至中時段，後者偏在長時段。為了詳究其「癥結」，不只是見大體、識變遷，在現代學術嚴格的客觀規範下的歷史研究，也是不可或缺的。

章太炎（一八六九－一九三六）論讀史之功：「從古迄今，事變至賾，處之者有經有權，觀其得失而悟其會通，此讀史之益也」、「故讀史須貫穿一事之本末，細審其癥結所在，前因後果，了然胸中，而一代之典章制度，亦須熟諳而詳識之。」[2]這裡要舉有關「觀其得失而悟其會通」的一個案例，祁寯藻的孫子祁景頤在他的《𧮪谷亭隨筆》中，認為李鴻藻在同治駕崩時，因為缺乏勇氣所犯下的錯誤，甚至導致大清帝國的危亡。他說：「穆宗升遐，頗有異聞，群謂穆宗彌留有旨立嗣。公懾於孝欽威，竟以此先獻，孝欽毀之。蓋穆宗立嗣，嘉順皇后為皇太后，可以垂簾聽政，孝欽應為太皇太后，不能綜攬政權，深忌嘉順，而後乃不得不殉。孝欽遂立德宗為文宗後，俟再生子再為穆宗嗣，復以母后臨朝矣。……而不諫孝欽請為穆宗立嗣，德宗雖立，終至母子乖違，而有己亥大阿哥溥儁之立，遂致拳亂誤國，馴至清社以屋。中國以外交失敗，至於危亡，推原其始，同、光執政者之久於朝廊，公固不得辭其責也。」[3]事實當然沒有這麼簡單，同治立嗣雖然有重要的影響，但是像「玉連環」一直牽扯到「清社以屋」，未免簡化，但也不是完全無助於我們了解清末史事的發展。

柯塞雷克經常區分三種時間：「長程」、「中程」、「短程」，[4]

2 章太炎，《章太炎全集》（上海：上海人民出版社，二〇一五），《講演集》下，頁五三七。

3 祁景頤，《𩔗谷亭隨筆》，收入祁寯藻等著，《〈青鶴〉筆記九種》（北京：中華書局，二〇〇七），頁一五〇—一五一。

4 Reinhart Koselleck, "The Unknow Future and the Art of Prognosis," *The Practice of Conceptual History: Timing History, Spacing Concepts* (Stanford: Stanford University Press, 2002), pp. 131-147.

他認為長時段的歷史雖然無法找出一個像科學家所說的定律，但是觀察歷史中的長時段是多少可以找出一個大趨勢的。也就是說他覺得「長時段」的部分幾乎是可以「預測」的，但是「中程」的事件則相當難預測。我認為事件、中時段、長時段三者互相交織式的讀法，並且詳究史事發展的「癥結」，才是較佳的讀史方式。

朱熹在《朱子讀書法》中也主張從「長時段」觀照「事理」與「事勢」。朱熹曾說讀春秋史要能瞻觀兩百四十多年的歷史，[5]從中看出歷史的變化及治亂得失的「機括」。顧棟高（一六七九－一七五九）也說：「看《春秋》眼光須極遠，近者十年數十年，遠者通兩百四十二年。」[6]這樣的說法，皆與柯塞雷克的長時段是一致的，即從歷史中的長時段中觀察出大趨勢。

朱子也有許多觀點，可被用來研究歷史「事件」。朱子說讀史要看「事理、事情、事勢」。首先，他認為讀者要能「放開心胸，令其平易廣闊」，也就是要虛其心，才能如實接受書中的道理，也就是要open to reality，而不是處處投射自己的主觀意識，才能了解歷史到底發生了些什麼。這是一種對話性的關係，是內心逐漸深入歷史的曲折，被它們所挑戰，不斷地擴充自己的視野，是一個由史事來開啟自己的過程。所以朱子常用「挨」之類的話來形容我們與書本的關係，而且他勸人讀書要讀到極熟，要每一個字每一個細節的「秤」量，要「將此身葬在書中」，「將心貼在書冊上」。讀書要熟到好像永遠再也見不到這本書，所以他形容是如「作焚舟計」、「如相別計」。而且書要詳玩到熟極而流，要「涵泳」、要讀出其「無窮之味」，要讀到「於文字邊自有細字

5 朱熹，張洪等編，《朱子讀書法》（杭州：浙江人民美術出版社，二〇一七），頁五一。

6 柳詒徵，〈史識第六〉，《國史要義》，頁一七八。

迸出來」的地步，要一層一層剝開書中涵藏的道理，像「數重物包裹在裡面」。朱熹上面所說的是讀任何書的方法，當然也是讀史的方法。

朱熹認為讀史之前應該先蓄積「義理」，「義理」蓄足了，才可以放開水閘灌溉田畝，「義理」不夠豐富則不足以灌溉，不灌溉則蓄水無用。[7]朱熹認為研究歷史要能「合於天理之正，人心之安」，深怕只有「史」，而沒有「理」，人心會被「史」弄壞了。他罵呂祖謙（一一三七—一一八一）大講《史記》，「然其本意卻只在於權謀功利」，痛罵呂氏「今求義理不於六經，而反取疏略淺陋之子長，亦惑之甚矣！」[8]至於北宋的王安石（一〇二一—一〇八六），則根本認為應該「滅史」，只要讀經即可，他認為「經」才是重要的，是原則性的東西，沉溺於「史」的人常常無法堅持住理想的原則。王安石當然是過甚其詞，後面我還會再提到這一點。

讀史的另一種方法是「情境參與式閱讀」或「角色扮演式」讀史。

以宋代的呂祖謙為例，他極力提倡讀史當如身在其中的觀點，他認為讀史須讀到一半便掩卷，預料其後成敗，「大抵看史，見治則以為治，見亂則以為亂，見一事則止知一事，何取？觀史當如身在其中，見事之利害，時之禍患，必掩卷自思，使我遇此等事，當作如何處之。如此觀史，學問亦可以進，知識亦可以高，方為有益。」[9]呂祖謙對前述朱子的歷史觀持反對態度，他反對「會歸一理」或將「天理」作為歷史研究的準則。他認為「歷史」是一座「藥山」，人們可以從中得到各種藥，而且「隨取隨得」。他反對人們只看或記誦歷史事實，而是要人們「觀

7 朱熹，黎靖德編，王星賢點校，《朱子語類》（北京：中華書局，一九八六），卷一一，頁一九五。

8 朱熹，黎靖德編，王星賢點校，《朱子語類》，卷一二二，頁二九五二。

9 呂祖謙，《麗澤論說集錄》，卷八，〈門人集錄史說〉，收入黃靈庚等主編，《呂祖謙全集》（杭州：浙江古籍出版社，二〇〇八），第二冊，頁二一八。

史如身在其中」，這樣才能得「藥」。呂祖謙認為歷史是優先的，必須在水庫中蓄積足夠的水（歷史），才可以打開水閘，與「義理」相互印證。我猜測就像《易經》〈大畜〉卦象傳中所說的：「君子以多識前言往行，以蓄其德。」

理學家程伊川也說：「每讀史到一半，便掩卷思量，料其成敗。」[10] 清代的包世臣教人讀《通鑑》時，必如置身當時，他說：「《通鑑》善在先述其事，乃敘眾議，然後載廷議所從，而詳記其得失於後。學者閱其事，先為畫上、中、下三策，然後閱眾議而驗己見之是否有合，又籌廷議所當從，再閱廷議，則後之收效與否，已可十得八九。如是，則如置身當時之朝端，庶幾異日臨事能不惑也。」[11] 曾國藩教其子弟讀史時也說：「莫妙於設身處地，記一人則恍如接其人，記一事則恍如親其事。」[12]《經學博采錄》中說丁履恆讀史時：「至古先哲人措拄艱虞，遂以轉移禍福者，必反覆深求其故。」[13] 丁氏在讀史時，對古人撐持艱危，最後轉危為安、轉禍為福，或是在凶年時，如何鳩集流亡，加以救濟安頓的作為，必如身入其境，揣摩其間，了解這些了不起的人何以能夠轉危為安，並從中學習。

章太炎說孫中山不喜歡讀史，他說王安石和孫中山有一個共同點，都想要搞土地改革，從歷史經驗來看就知道不會成功。譬如王莽（前四五—二三）就沒有成功，後來孫中山改變想法。章太炎認為土地國有是

---

10 程顥、程頤著，王孝魚點校，《二程集》（北京：中華書局，一九八一），頁二五八。

11 包世臣撰，李星點校，吳孟復審訂，〈姚生傳〉，《齊民四術》（合肥：黃山書社，一九九七），頁三四三。

12 曾國藩，〈致諸弟（道光二十三年正月十七日）〉：「讀史之法，莫妙於設身處地。每看一處，如我便與當時之人酬酢笑語於其間。不必人人皆能記也，但記一人，則恍如接其人；不必事事皆能記也，但記一事，則恍如親其事。」（鍾叔河整理，《全本曾國藩家書》（北京：中央編譯出版社，二〇一五），頁二九二。）

13 桂文燦，《經學博采錄》（上海：華東師範大學出版社，二〇一〇），頁一四四。

美國殖民菲律賓時實行的政策，這是只有殖民地政府才可能做到的。若熟讀歷史，就可以了解凡是帶有此一色彩的政策都不容易成功。

如果以毛澤東與蔣介石相比，毛澤東熟讀史書，蔣介石則較不重視歷史。蔣受宋明理學的影響很深，大家讀了近年國史館整理出版的《蔣中正總統五記》就知道，[14]蔣介石最喜歡講哲學，如黑格爾、朱熹、王陽明的哲學。其實，這牽涉到歷史與倫理的問題，即歷史中是否即蘊含著倫理，傳統史學中常有這樣的主張。雖然倫理與歷史之間沒有必然的因果關係，但一般而言，仍是相信歷史的過程中大體包含著倫理。譬如朱熹常勸人要從史事中看出「大倫理」，所以歷史與倫理是自然而然串聯在一起的。譬如葉適在論《左傳》時說：「天下之治也，禮義在於中國；其亂也，禮義在於夷狄」，即一個時代的禮義水準高低與治亂之程度是相等的，兩者之間沒有任何可懷疑之處。

前面提到，中國歷史上始終有一種聲音，認為「經」或是「義理」、「道德」等，應該先於「史」，或是與「史」互相挾持，免得人們陷入歷史的相對意義之中。宋代蘇洵便說：「經不得史無以證其褒貶，史不得經無以酌其輕重。」[15]因為歷史中有太多權宜、太多惡人得大利、善人遭大殃，太多違反倫理的發展，所以「讀史使人粗」。讀史會掉入道德虛無主義之中，故主張先讀經後讀史，才能有「永恆」的道理作為是非的判準，不致東倒西歪。這方面的言論甚多，譬如朱子讀書法中說：「讀書須是先以經為本，而後讀史。」[16]近代史家柳詒徵說「史」要得到「禮」的扶持，「史例權與《禮經》」、「史例經例，皆

---

14 黃自進、潘光哲編，《蔣中正總統五記》（台北：國史館，二〇一一）。

15 蘇洵，〈史論上〉，收入曾棗莊、金成禮箋注，《嘉祐集箋注》（上海：上海古籍出版社，一九九三）頁二二九。

16 張洪等編，《朱子讀書法》，頁七三。

本於禮」。[17]

我個人則以為：讀史要尊重客觀真實的證據，「在史中求史識」、「求真以為現實服務」，才能曲盡事情真實的癥結。接著要能看出「機括」，呂祖謙要人「既識統體，須看機括」，[18]大凡國之盛衰，事之成敗，人之邪正，每在機微之間，而察其所以然者叫做「機括」。「統體」乃治事之法，深入事情的曲折，把整個歷史人物或事件弄熟了，透徹到能說出他的下一句。譬如研究蔣介石的日記，如果深入到一個程度，便知道他有一種將政治議題當成道德問題來掌握的傾向。有人認為二千四百年前修昔的底斯（Thucydides）的書，盡可能將歷史的細節準確地記錄下來，使得人們讀到它時，便能對自己有所教導。一六二八年霍布斯在譯修氏書時所寫的書說：「他們當下謹慎小心，對未來也深謀遠慮。」[19]近來人們處理美中問題時，仍在回味修昔的底斯的一段話：「雅典的崛起和斯巴達的驚恐，讓戰爭變得不可避免。」

我曾在〈中國近代思想文化史研究的若干思考〉中討論「史家的邏輯」與「事件的邏輯」，「事件的邏輯」是順流而下的A－Z，「史家的邏輯」是由已知上溯未知的Z－A。運用「巡迴往復」的讀法，從A－Z，又從Z－A。從A－Z要看事情的「或然性」，從Z－A要看事情特殊細節的意義（particular detail in meaning）。讀者必須同時把握這兩者，一方面接受史書中之陳述，一方面摸索事件的邏輯。前者的特性是一切好像都是順理成章地發展下來，但是逆反的邏輯可以幫助閱讀者回到事件之前那個充滿未知、或然率的世界，設身處地進行摸索和

17 柳詒徵，《國史要義》，〈史例第八〉，頁二五一、二六一。

18 呂祖謙，《東萊呂太史別集》卷十四《讀書雜記》三，《呂祖謙全集》第一冊，頁五六一。

19 Paul A. Rahe, "Thucydides as educator" in Williamson Murray, Richard H. Sinnreich eds., *The Past as Prologue: The Importance of History to the Military Profession*, p. 98.

判斷。假設自己是歷史行動者，揣想自己處於當時的情況，以當時所能獲得的有限訊息，想想能作何種判斷及處置。[20]

「讀者對話論」

過去討論這個問題時，經常是以歷史書寫者為中心的討論，所以往往考慮在書寫時要有所隱瞞，有所輕重，以達到道德鑑戒的目的，在這裡我要強調人們同時可以有另一種進路，即是以讀者為主體的讀者對話論。我們歷覽古今中西談論歷史與現實人生的關係時，經常看到以讀者為中心出發的例子。在這種時候，歷史作品是客體，但是我如何閱讀它、理解它，引歸自身等，每每取決於讀者所持的對話性態度。以安東尼・格拉夫頓（Anthony Grafton, 1950-）《近代史學之前的歷史》（*What was History?: The Art of History in Early Modern Europe*）為例，文藝復興時代的讀者如何閱讀希臘、羅馬史著，如何箚記並歸類，如何體驗到日常生活中等。[21]許多人的作法不同，而且往往因「讀法」不同而形成一派。如何箚記、如何歸類、評論、發揮，形成變化無限的讀者、歷史論域，這在中國歷史上簡直是說不完，它們衍生、創造的歷史意識與道德與其他現實意涵是被過度忽視或低估的。

查爾斯・泰勒（Charles Taylor, 1931-）在《自我的根源》（*Sources of the Self: The Making of the Modern Identity*）第一部分中提到，人生

20 請參見王汎森，〈中國近代思想文化史研究的若干思考〉，《新史學》一四：四，頁一七七—一九四。後收入氏著，《思想是生活的一種方式：中國近代思想史的再思考》。

21 Anthony Grafton, *What was History?: The Art of History in Early Modern Europe* (Cambridge: Cambridge University Press, 2007), pp. 189-254.

存在語言的「會話網」中，在與人們對話中形成分別善惡美醜、形成「道德空間定向性的自我」，他認為這是彌足珍貴的。我認為在查爾斯．泰勒所說的「會話網」之外，與歷史不間斷的對話，其實也是形成「道德空間定向性的自我」的途徑，豈止歷史，其他許多知識亦是如此。事實上，在中西歷史中，人們是不間斷地透過與歷史對話在進行模擬及辨析。在這個架構之下，我認為可以區分成四個步驟，即「對話的網絡」、「對話的夥伴」，在對話過程中美德史事流入現實的人生中，幫助「道德與精神上的分別是非善惡」，最後是在「道德空間中得到自我的定向」。[22]我的意思是在種種對話網絡中，不是只有現實生活中直接或間接生活於其間的社群的對話網絡，歷史之海也是對話網絡的構成要素，此時歷史像糖果一樣化開溶合在現在的事勢中。每一個時代對話社群的取向有許多善的、惡的、成功的、失敗的歷史事件。各式各樣的歷史事件，形成對話網的一部分，而且所形成的價值取向是在與對話夥伴對話過程中逐漸摸索形成的。同時，涵藏在歷史中許多帶有長遠性的價值，由上而下地傳遞與教誨，使得這個對話網絡、對話型式非常多樣化。在與「對話網絡」不斷對話的過程中，形成了「區分道德與精神的善惡」，說得出這是善的、這是惡的，而這本身實際上是一件非常不容易做到的事。而且不只限於道德、精神、價值的方面，事實上我們也在「茫茫事海」中培養我們區分什麼是好的態度、行動等。

因為是「對話」性質（而不是遵循某種歷史發展定律的方式），所以「對話網絡」的組成內容不停地在變，對話者及他所處的時代也一直在變，因此在對話過程中所形成的「道德空間中的自我定向」便不是一成不變的。譬如說古書中連篇累牘的「忠義」事跡——尤其是那些動人

22 Charles Taylor, *Sources of the Self: The Making of the Modern Identity* (Cambridge: Harvard University Press, 1989), pp. 25-52.

心弦、異常激烈的忠義舉動，便不大在現代人的「道德空間中的自我定向」中成為主體。「對話網絡」是活的，它的內容包含歷史、哲學等各式各樣的知識，它的組成內容與組成方式也不停在變。

在這裡我只隨舉一種對話的形式。嚴衍在《資治通鑑補》的〈自序〉上說：「吾病愚，則凡明者皆吾師也。吾病怯，則凡勇者皆吾師也。吾病懶，則凡敏者皆吾師也。吾病褊、吾病吝、吾病不斷、吾病器小而易盈，則凡廣大者、好施者、果毅而淵深不測者，皆吾師也。……集萬古之良師勝友，導吾以芳；聚百代之僉夫壬人，戒吾以穢，吾所以反覆纏綿暫欲舍之而不能也。」史之為用，並不限於自我修養，嚴氏即云：「要使學者欲考興亡，則觀政於朝；欲知淳薄，則觀風於野；欲樹宏猷，則法古人之大節；欲修細行，則拾往哲之餘芳。」[23] 嚴衍這一段話，是鼓勵讀者以自己的情況來與古書中的故實對話，以見吾之不足，以開拓吾之心量。讀者也可以與現代的客觀史學，形成這種對話性關係，而不一定要像「十過一善」、「十善一過」之類的筆法才能構成鑑戒之教訓資源。

不只是哲學或抽象理論才可能有跨越時代的影響，「史」或「單體」的歷史、事實，也同樣有跨越時代，甚至永恆的價值，問題在於獲得的方式每每是經由讀者的參與、對話、理解後所產生的。每個時代的人們不斷地學習歷史、與歷史對話，而得到掌握歷史意義、人生教訓或道德修養的資糧。打開古今文人的文集，少有不收幾篇史論文章的，不計其數的「詠史」詩，反覆出現的男主角：項羽、劉邦、范增、劉備、諸葛亮等，都是無止盡的對話題目，是永遠的回聲石。劉邦、項羽優劣論，不斷地出現在古今史論或現代的學期作業、期末考題中，而且也是

23 嚴衍著，《資治通鑑補》〈自序〉，收於《續修四庫全書・史部》第三三六冊（上海：上海古籍出版社，一九九七），頁一b－二a，總頁五〇八。

哲學家牟宗三在《歷史哲學》中區分「天才宇宙」與「凡人宇宙」的題材。人們在與歷史不斷的對話中，形成了自己的道德、政治、人生之定向，而這是至為寶貴的人生財產。這方面的例子不勝枚舉，我們可以說史書正不斷地生出「利息」給一代又一代的讀者。

「金無足赤，人無完人」，歷史上沒有出現過一個完美的人。十九世紀英國塞謬爾・斯邁爾斯（Samuel Smiles, 1812-1904）的《自助》（*Self Help*），對當時的世界影響之大，簡直無法以言語形容。它是摘樣式的寫法，把偉大的樣例集在一起，所以人們可以不必管那些偉大人物全部生命中是不是有些難以啟齒的部分。[24] 史家格拉夫頓研究西方文藝復興時期的讀者，他們一方面是對希臘羅馬古典進行嚴謹的考證，同時也有rhetoric的一面。rhetoric可譯為「說服學」，也就是讀者可以根據現實境況不斷調整其對歷史事實的用途、目的與意義。[25]

讀史與關鍵時刻

史事無窮，要從無窮史事中得益，必須在歷史的發展中識認出「關節竅要」，或重大轉折之處，深入剖析其前因後果，也就是說讀史要能識認歷史上的「關鍵時刻」。《莊子・內篇》〈人間世〉說：「其作始也簡，其將畢也必巨。」歷史上的關鍵事件，有些一開始便風風火火，但也有一些是「其作始也簡」，後來「將畢也必巨」，而且有些帶有偶然性。如小布希贏了高爾五百三十七票，當選總統，而此後小布希在中

24 Samuel Smiles, *Self Help: with Illustrations of Character, Conduct, and Perseverance* (London: John Murray, 1872).

25 Antony Grafton, *What was History?: The Art of History in Early Modern Europe*, pp. 226-228.

東廈啟戰端，九一一事件後，不只美國的國運大變，世界各地都深受影響。有一些特定的時候，整個文明往往押在幾個事件上。如羅馬與迦太基之爭，在艱苦的鬥爭中，整個西方文明的命運即押在這個賭注中。

關鍵時刻經常發生在「轉型期」。讀《汪榮寶日記》可見汪榮寶等幾個人在清覆亡前不久在清廷之角色，許多極為重大的事是靠三、四個到日本見過世面的人在處理，如優待清室辦法，是汪榮寶一草而就，即照樣執行了。關鍵事件也常發生在改朝換代（包括任何改朝換代）的大變革中，一時之間好像所有事都失去重力浮在空中。明太祖在《皇明祖訓》序中說：「朕觀自古國家，建立法制，皆在始受命之君」，即點出改朝換代之際是建立法制的關鍵時刻。這當然也發生在皇帝駕崩，新皇即位之際，如乾隆即位時，便流行一個趁機改變雍正時期法令制度的巨浪，以至於有人說當時只要能「盡翻前案即是好條陳」。我讀《杜魯門總統任內錄》（*The Truman Presidency: The History of a Triumphant Succession*）便覺得，一九四五年的幾個月之間是世界史的關鍵時刻，因為它決定了後來的許多發展。其實二次大戰的最後階段，艾森豪的策略有誤，邱吉爾反對，但艾森豪只想將局面應付過去，對未來沒有太多的想法，結果蘇聯控制了東歐。[26]在歷史轉變的關鍵時刻，往往一個決定或一些細微末節的決定，便可能有深遠的影響。一戰之後，一個所謂中東問題專家戈楚・貝爾（Getrude Bell, 1868-1926），便可以對整個中東此後的發展，掀起滔天的改變，如對美索不達米亞之處置，從外面找了一個不大相干的人來治理伊拉克，後來形成了巨大的後果。

晚清的毀廟興學鬧得全國沸沸揚揚，全國各地為了學校與廟產爭得不可開交，影響之大難以言喻，而這主要是因為康有為的一篇文章。而康有為的靈感，則是來自《明夷待訪錄》〈學校〉中所說的話：「必使

---

26 卡貝爾・費力普斯（Cabell Phillips），李宜培譯，《杜魯門總統任內錄》（香港：今日世界出版社，一九七〇），第三、四章，頁一六—四八。

治天下之具皆出於學校」，又說：「學宮之外，凡在城在野寺觀庵堂，大者改為書院……小者改為小學」。[27]在晚清以來的思想巨變中，核心人物的一本書或一句話都可能產生很大的影響。譬如吳汝綸去日本考察教育回來後寫了一本《東遊叢錄》，後來各地的勸學所、傳習所就是根據那一本小冊子來興辦的。

民國初年的「聯省自治」運動主要來自梁啟超一九二〇年的〈《改造》發刊詞〉，在這裡他第一次提出「聯省自治」說：「一、同人確信舊式的代議政治不宜於中國，故主張國民總須在法律上取得最後之自決權。二、同人確信國家之組織，全以地方為基礎，故主張中央權限當減到以對外維持統一之必要點為止。三、同人確信地方自治當由自動，故主張各省乃至各縣各市，皆宜自動的制定根本法而自守之，國家須加以承認。」[28]仿美國聯邦制，民初「聯省自治」運動便掀起了漫天的巨浪。後來就有「聯省自治運動」，陳炯明、章太炎都是聯省自治的支持者。民初新文化運動等每每攻擊佛教為出世的，而太虛就以「人生佛教」來回應這些挑戰。這樣一個口號，經過幾十年，在慈濟的「人間佛教」中得到落實，並成為當今宗教界波瀾壯闊的運動，未始不與當年太虛的一個主張有關。

在歷史的關鍵時刻，一些作為即足以改變一時的風氣，套用陳獨秀的名言：「讓我辦十年雜誌，全國思想都全改觀。」[29]一些當時看來甚

27 黃宗羲，《明夷待訪錄．學校》，《黃宗羲全集》第一冊（杭州：浙江古籍出版社，二〇一二），頁九－一〇。

28 梁啟超，〈《改造》發刊詞〉，《飲冰室合集．文集》第三十五卷（北京：中華書局，一九八九），頁二〇。《解放與改造》為《改造》前身，創辦時梁啟超等人正在歐遊，後為節省標題，故改名《改造》。收入《飲冰室合集》時標題有誤，今改。

29 唐寶林，林茂生編，《陳獨秀年譜》（上海：上海人民出版社，一九八八），頁六五。

微的小事，但後來回過頭看卻是關鍵事件。[30]通常在此前，或隱或顯地有一個積貯，如有一個水庫，而關鍵事件則是打開水龍頭的開關。《威靈頓公爵回憶錄》說，當時他們與拿破崙軍隊相差只是一點（a damn close-run thing），後來卻改變了整個歐洲的命運。網路文章〈不為人知的歷史：滑鐵盧之戰〉說，兩天前才從法軍的追擊下逃亡並迅速重新集結的普軍趕到，向法軍的右翼發起激烈猛攻，三個小時後，法軍潰敗。幾天後，英國聯軍占領巴黎，拿破崙被迫退位，並放逐到大西洋的一個小島上。這場戰役影響了整個歐洲的歷史進程，在拿破崙戰敗後的維也納會議上，新的歐洲秩序被重新建立起來。古巴危機時，甘迺迪正在讀芭芭拉·塔克曼的《八月砲火》，分析一次大戰由一個暗殺斐迪南大公事件，最後導致全歐洲長達四年的戰火，生靈塗炭，故甘迺迪決定不讓事態擴大以致最終不能收拾，緊急透過各種手段斡旋，使得後來古巴危機和平落幕。

許多影響後來歷史的關鍵思想，最初並不明顯，如黑格爾對馬克思的影響，如王闓運講〈公羊〉，影響了廖平，而廖又影響了康有為，過程中的變化影響了歷史的發展進程。熟悉歷史可以幫助我們認識到什麼時刻可能出現關鍵事件，並積極把握它。譬如人們可以預想某事在未來

30 在胡適書信中有一封一九三五年給湯爾和的信，回憶五四運動之前的一天，蔡元培與他的謀士湯爾和商量陳獨秀的事。湯爾和因為受到道學的影響，對於陳獨秀嫖妓的行為不能諒解，所以主張辭退陳氏北大文科學長的位置（一九一九年三月），後來陳獨秀南下上海，使得《新青年》迅速左轉，陳獨秀也很快地成為中國共產黨的領袖人物。胡適認為此決定「不但決定北大的命運，實開後來十餘年政治與思想的分野」，「此夜之會，先生記之甚略，然獨秀因此離去北大，以後中國共產黨的創立及後來國中思想的左傾，《新青年》的分化，北大自由主義者的變弱，皆起於此夜之會。獨秀在北大，頗受我與（陶）孟和的影響，故不致十分左傾。獨秀離開北大之後，漸漸脫離自由主義者的立場，就更左傾了。」蔡元培與湯爾和在五四前的一次夜會，商量的是一個教授的去留，胡適在十幾年後回想，竟成了改變近代中國命運的關鍵事件。胡適的這個判斷當然有過度簡化的傾向，但也不能不承認其重要性。

可能造成的結果，而猜測眼前事情的後果。

由於歷史的關鍵時刻往往是突然的、微妙的，身處其中的人如果心量不足，沒辦法以全副力量（包括知識、時間、體力等）去加以處理。如果心量不足，而忽略處理，則如歐巴馬所說，在格達費之後，未能做好日後的計畫即立刻介入利比亞的內戰，未做出更多的行動以填補格達費倒臺後的權力真空，故造成「伊斯蘭國」（IS）進駐等大遺憾。[31]

讀史要能「體認」，從歷史上的偉大人物身上得到一種模型、榜樣，如西方古代之蘇格拉底的畫像。其實這也發生在中國，像明代心學人物以王陽明畫像為崇拜的對象、李卓吾《陽明先生道學鈔》中所選王陽明有用的文字，李二曲的《四書反身錄》，選取四書中可以引歸自身修養的文字，唐文治著《十三經大義》是要人讀十三經都能反思個人道德。毛澤東則從李卓吾《史綱評要》中摘選了二十三條，而使之與現實發生關係。[32]人們在內心中體會它，培養對事情是非判斷的能力，並加以實現，讀史幫助人們孕育「歷史智慧」。歷史是生活智慧的重要資源，人們吸收歷史知識的來源非常廣，不只限於史書，包括戲曲、故事及日常生活中的談論與閱聽。它們儲存在人們的腦海，就像是儲存在電腦的硬碟，透過自動存取系統，在特定的時候將歷史知識讀取出來，像糖果般融化在我們的日常生活中。

31《聯合報》，「歐巴馬：任內最大錯誤釀利比亞亂局」，二〇一六年四月十二日，A13版。

32 朱永嘉，〈毛澤東晚年輯錄《史綱評要》釋讀〉，《論李贄》（西安：中國長安出版社，二〇一八），頁一七四—一七七。

讀史要能「大出入」

在討論讀史的方法時，我覺得最後應提到龔自珍的「大出入」。[33] 龔自珍在〈尊史〉篇中說：「其於言禮、言兵、言政、言獄、言掌故、言文體、言人賢否，如其言家事，可謂入矣。又如何而尊？善出。何者善出？天下山川形勢，人心風氣，土所宜，姓所貴，國之祖宗之令，下逮吏胥之所守，皆有聯事焉，皆非所專官。其於言禮、言兵、言政、言獄、言掌故、言文體、言人賢否，如優人在堂下，號咷舞歌，哀樂萬千，堂上觀者，肅然踞坐，眲睞而指點焉，可謂出矣。」「尊之之所歸宿如何？曰：乃又有所大出入焉。何者大出入？曰：出乎史，入乎道，欲知大道，必先為史。」[34] 龔自珍的這兩段話並不好理解。他有一部分意思大致是這樣的：讀史的人要能「入」，又要能「出」——要能進入歷史內部，曲盡一切事實（「入」），然後又要置身其外，觀其大體，細味其大勢等等（「出」）。一個善於讀史的人必須能「入」又能「出」，「入」而詳究一切史實，「出」而盱衡現實局勢、曠觀大體，然後才能決定應該在何處遵守史例，何處變通，何處「照著做」，何處進行「破壞性創新」。一般討論歷史都只著重在「入」的部分，即如何重建歷史的部分，及如何運用歷史，而忽略「出」。「大出入」一方面是「以今視古」，一方面是「以古視今」，更重要的是「審時辨勢」。

為了說明這一點，我想再舉一個例子：英法聯軍打進北京城的時候，恭親王召集了北京的六部九卿會議，商量如何處理，當時大部分人都說應效法燕雲十六州的故事，割地賠款，可是有一個侍御，他略通當

33 我之前在許多地方也提到過，在這本小書裡我想對此再多加闡述。

34 龔自珍著，王佩諍校，《龔自珍全集》，頁八〇—八一。

時世界的情勢，說按照西方的慣例，把軍費賠給對方就好了，不必割地，結果恭親王聽了他的話，果然把事情辨通了。[35]這件事情提醒人們，到底是要照陳案辦，還是要判斷大勢（「出」）？如果決定照陳案辦，就是割地賠款，但是也可以變更陳案以退敵人之兵。這件事情告訴我們，只有「入」還不夠，在運用歷史時，還要加一個「出」的工夫。若以劉邦及曹操為例，曹操挾天子以令諸侯，花了二、三十年才得天下，劉邦（？—前一九五）只花了五、六年就得天下。曹操則好像太過受到傳統的、歷史的暗示，認為一定要挾天子以令諸侯，劉邦則不管這套，他是小流氓出身的，這是「出」、「入」的一個例子。

從上面的例子可以看出：「出」的部分比「入」的部分困難，前人所謂「運用之妙，存乎一心」，或是勸人不要「死於句下」，都是要人既能「入」又能「出」的意思。一個讀史的人，一方面要盡力弄清歷史事實，同時要「凝神以御太虛」，曠觀整體情勢之變化，以及史例在某個特定的情境或脈絡中應該擺的位置，才能做一個比較恰當的運用。每一次「用史」都是一次全新的經驗。所以從來沒有人宣稱飽讀管理學即可以成為大企業家，飽讀戰史就可以稱霸沙場，飽讀政治史就一定成為了不起的政治人物。

大約四十年前我在軍隊服義務役時，有一位熟悉戰史的陸軍少將偶爾找我聊天，他不只一次提到：兵學大師蔣百里（一八八二—一九三八）經常抱怨日本的將領不照操典打仗，同時我們也談到「學正用奇」的道理。如今想來，龔自珍的「大出入」或許就是學「正」用「奇」的一種相近的表述。

對於「出」「入」或「正」「奇」，我有兩層詮釋。第一，每一個事件都是一個獨特的方案，獨特的呈現，而歷史行動者每一種吸收及表

35 許指嚴，《十葉野聞》（北京：中華書局，二〇〇七），頁一八—一九。

現，都是一次又一次的、獨特性的綜合、吸收與展現。任何將之公式化、格式化或本質化的教導或吸收都不會永保其能在每一個情境中派上用場。外來的知識只是條件，要化成自己的智慧才能受用。正如《石濤畫語錄》中貫穿全書的「一畫之法」，石濤（一六四二—一七〇七？）怕把畫法本質化或格式化，所以絕不明白說死，只從「一畫」說起。他又強調「受」在「識」前，也就是說要尊重感受的獨特性，不要被「識」把它從外而來加以了解，加以框限化、平板化了。[36]畫家吳冠中（一九一九—二〇一〇）用了一個很傳神的例子做說明，他說西方有一位名畫家有一回見到一片黃泥濘路，他宣稱要用這一片黃色畫一位女孩的金髮。[37]這段話的好處在於表明，即使是一塊髒兮兮的黃色，只要運用得當，正是描繪金髮最合適的顏色。

讀史之受用或歷史知識之發揮作用，正像那一片路上的黃泥濘，運用之妙、存乎一心，如果運用得恰到好處，即可畫成一頭最好的金髮。

一段歷史亦復如此，要恰當運用才可能有益於人心與人生。到底該如何牢記教訓並充分運用它，幾乎沒有規則。所以用千經萬史去薰陶、教養自己，就像某一個人用力地敲一扇門，最後門開了，走出來的卻是自己。[38]

第二、在討論「出」時，我還要討論「傳遞」（transmission）的兩種模式，一種是基因的傳遞（genetic transmission），像許多動物也與人一樣蓋房子，蜜蜂建六角形的房子，河獺圍小壩，但都是重複上一代人做過的事。另一種是正因為人是歷史的動物，可以繼承、累積經

36 道濟著，俞劍華標點註釋，《石濤畫語錄》（北京：人民美術出版社，一九六二），頁一六—二二、三〇—三一。

37 吳冠中，《筆墨等於零》（南京：江蘇文藝出版社，二〇一〇），頁一九二。

38 薛仁明編，杜至偉等箋注，《天下事，猶未晚：胡蘭成致唐君毅書八十七封》（台北：爾雅出版社，二〇一一），頁一八八。

歷，但同時也可以在此基礎上反思、改造、超越，甚至翻覆歷史，人不能取消前一刻的歷史，但人可以掙脫、超越前一刻。

前面所講兩種傳遞模式，宛如哲學史爭論中「照著講」或「接著講」的問題。通常在相彷彿的情境中，比較可以「照著講」。譬如季辛吉之用梅特涅的「均勢」概念來對應其時的國際緊張局勢。但是人們也可以在了解歷史之後，盱衡現實，而後「接著講」。蔣百里提到日本學拿破崙萊茵同盟時，便痛責說：「本來一個做事樂觀的國際環境，偏要模仿歷史上已成失敗的不肖例子。」[39]這也像戰國時期的趙括，他的母親聽說趙括要被大用時，趕去見趙王，說趙括不可以出任大事，《史記》中藺相如說：「括徒能讀其父書傳，不知合變也。」也就是說，趙括只能「照著講」不能「接著講」，千萬不可以為前線主帥。果然，趙括後來在長平大敗，四十餘萬將士被坑殺。第二次世界大戰當時，法軍將領還在打第一次世界大戰（「照著講」），而忽略了戰爭型態的改變，應該「接著講」。坦克在第二次世界大戰之前是用來輔佐步兵的，可是二戰時德國卻將它們集結起來作為打擊的主力，即是一方面「照著講」（利用坦克），一方面「接著講」（以不同的方式運用坦克）的實例。

清代的陳澧讀完魏源的《聖武記》後，批評說魏源的「以夷制夷」未必行得通。因為魏源顯然受到歷史上清朝收服喀爾喀蒙古的過程中，聯俄國以制喀爾喀成功之例，意思是他不能被歷史的先例綁住，還應該跳出來看一看他那個時代的各國局勢。最近，我在研究晚清大儒俞樾晚年的思想時，發現在面對西洋火器時，他對許多人（包括李鴻章）宣揚康熙年間大破羅剎軍隊的藤牌兵的史例，希望復活藤牌兵，在西人施用火器時，以藤牌兵掩滾而進，期近敵人時斬殺之。這個提議當然就沒有

39 蔣方震著，譚徐鋒主編，《蔣百里全集》第四冊，頁三四三。

人理會了。

人不可能取消前一刻，但這並不表示人一定要「照著講」。如日俄戰爭中，俄方指揮官都在用一八一二年的戰略，而二次大戰剛開時，法軍的指揮官多還在用第一次世界大戰的戰略，結果是巨大的挫敗。再以晚清為例，梁啟超《論李鴻章》一書，提到李鴻章處理世界各國關係時，腦中總是《戰國策》的觀念：「專以聯某國制某國為主，而所謂聯者，又非平時而結之，不過臨時而嗾之。蓋有一種戰國策之思想橫於胸中焉」，[40]所以總是失敗。

所謂「接著講」是宛如傑佛瑞・埃爾頓（Geoffrey Elton, 1921-1994）所說，要能熟悉歷史人物並講出他的下一句話，如熟悉交響曲到能哼出下一段的旋律。下一句、下一段都要能關聯呼應時代的環境，而有微妙的變化。此外要強調：想要能「接著講」必須先能「照著講」，通曉其真相及內在曲折並審度現實後才有可能「接著講」。

因為人的境況隨時在變的，正如世界上沒有完全相同的葉子一般，所以人在面對每個境況時，運用「歷史」的方式便會有所不同。顧曲（Gooch）將軍雖曾說作為軍人的「八大致命」之一是「不懼歷史」。但是在《歷史作為序幕》一書中，卻也對任意運用歷史「彷彿性」感到高度懷疑。因為時局時刻在變，所以納爾遜說歷史是破壞的創新的紀錄。他說不要胡亂以為歷史與戰術的形成，一定有正面的關係，以致老想在過去與現在尋找相似點。例如克里米亞戰爭，就已不適用於英、俄的現代戰爭。馬歇爾（George Catlett Marshall, Jr., 1880-1959）一再提到戰爭的變化，例如在原子時代，一次大戰所學到的東西每每過時。所以顧曲說要先思考過去與現在的不相似性，再講歷史的功用。[41]

40 梁啟超，《論李鴻章》（台北：台灣中華書局，一九七一），頁六七。

41 John Gooch, "History and the Nature of Strategy" in Williamson Murray, Richard H. Sinnreich

人們永遠在「照著」或「接著」的分叉路前猶豫，這就是歷史行動者的抉擇。譬如前面提到的，德國總理梅克爾接納大量中東難民一事。「照著講」的人馬上會想起吉朋的《羅馬帝國衰亡史》講到入遷的蠻族腐蝕帝國，或是江統的〈徙戎論〉中所警告的危險。如果「照著」歷史，就絕不可以接受大量難民，但是如果顧及人道的標準，則應該毫不遲疑地接納難民。這時梅克爾及德國人民即是面臨「照著講」或「接著講」的問題（當然「照著講」與「接著講」並不一定是相互排斥的）。

馬端臨《文獻通考》〈自序〉中說：「理亂興衰，不相因者也，晉之得國異乎漢，隋之喪邦殊乎唐」，[42]已經接觸到「照著」或「接著」的問題。我以為歷史中的行動者在面臨一個情勢時，一方面是調動歷史意識，使得以前有用的歷史成為此刻處理困境時可以參用的資源，然後再審度時勢決定是「照著做」還是「接著做」：師承、揉合或超越相近的史例，採取一個與當前「境況」相應的作法。

我們要能設身處地、以古視今、以今視古，既深入把握歷史，同時審視我們當代的境況，並時時留心這兩者之間的延續性與差異性。考慮到史事與我們今天存在的異同，了解到歷史中有一種選擇與創造的過程，有時是繼承，有時是「破壞性的創新」。革新要能知舊，但不識當前的病根，也沒辦法施藥。所以一方面是使歷史成為與我們同時代的，另方面是過去、現在、未來及各種現實的考量就像許許多多的介面，而自己正是介面之間的圓軸。

歷史的知識積貯在人的心中，在某時或是某種情境之下，便會自然而然浮現出來，形成參考的架構。這裡我要引用李奇威（Matthew Bunker Ridgway, 1895-1993）的話，他在擔任指揮官之後，以往從閱讀中汲取

---

eds., *The Past as Prologue: The Importance of History to The Military Profession*, pp. 133-149.

42 馬端臨，《文獻通考》〈自序〉（杭州：浙江古籍出版社，二〇〇〇），頁三。

的知識會適時「清楚地適度浮現」。[43]我們可以說歷史就是現在的解答，但並不是像考古題般的解答。

在談完「大出入」之後，我覺得還應該加上一段話。十九世紀中葉以來，歷史學最重要的發展之一是歷史學脫離宗教、道德的羈絆，史學研究的長足進步與這個大解放有關。不過，在過去是宗教、道德優先於史學，它們壓制史學、經常嚴重地扭曲史學的客觀性。但如今，當我們討論「史用」的問題時，還需要重新考慮前人何以要談讀「史」時要有「經」、「禮」相扶持。柳詒徵所說的「夫史例經例，皆本於禮。禮必準情度理，非可以意為之」，[44]換成今天的表述，也就是說我們在「出」時，應該考慮一些比較具有永恆性的道德價值與原則，如果讀史只是為了現實的機用，而不隨時與一些人類比較永恆或普遍性的價值原則相涵化時，則所謂「大出入」，便往往成為奸雄的工具。

「關聯」與「呼應」

我在教會的告示中經常看到God is speaking.（神正在宣說）這句話，這一個動人的宣告適不適合歷史呢？我們可以宣稱History is speaking.（歷史正在宣說）嗎？我認為「歷史」也無時不在「宣說」，它是透過過去與現在的境況，不斷地「關聯呼應」並融為一體創造新的意義，像一筆母金存在銀行中，不斷地生「利息」的知識觀。

我個人認為人文學科各有分工，各有職司，一個現象可以從各個學科的角度去接近、了解、分析，在分工之餘，各個學科最後亦應該對

43 艾德格．普伊爾著，陳勁甫譯，《為將之道》，頁三九九。

44 柳詒徵，《國史要義》，〈史例第八〉，頁二六一。

話、合作，形成跨領域的見解。所以，以下的討論中對現代任何人文學科並沒有畸輕畸重的評價。[45]

我注意到現代歷史研究中經常出現兩種現象：第一，是過度屈歷史以就當代；第二，是過度屈歷史以就其他學科。關於前者，歷史工作者常常為了求史學研究能與現實發生立即的關聯，而不顧歷史事實的複雜性。有時候是為了呼應現實致用，有時是為了呼應當代流行的史學潮流，以致「只顧聽來悅耳」，不管歷史上發生了什麼，在「歷史的理想」與「歷史的事實」之間形成了巨大的緊張。關於後者，現代史學似乎有一種傾向，認為歷史只有在被組入某種理論之中，它才有思想的價值，而我個人一向認為至少有兩種真理觀，一種是哲學的或抽象的理論，另一種則是複雜而多樣的歷史也可以有超越特定時空限制的長遠、濃厚的思想意涵。

事實上，許多帶有長遠、普遍意義的著作，也是受到特定「境況」

的激發才出現的。人類對某些「境況」的反應，並非只有個別的價值，有時候是因相近似的「境況」出現，使得特定的訊息仍然具有價值；有時從個別「境況」所孕育的訊息，在「關聯呼應」到現實時，也可能生發出長遠的意義。所以不一定是要從特定歷史環境中步步抽離的理論才可能有長遠的意義，也不一定是要將歷史組入一個巨大的理論建構，經過不斷抽象化、不斷用各種理論加以裝點，才有長遠的意義。譬如《史記》，或歷史小說《三國演義》中的故事，它們都是一時的，卻也可以是永恆的。歷史上許多宗教禮儀、秩序，甚至具有長遠意義的事物，最初都是一連串歷史事件。當它們不斷地被引述、不經意地憶起並與現實的經驗關聯時，便具有長遠的意義。這些史事可能不斷地「關聯呼應」

45 此節參照王汎森，《晚明清初思想十論（增訂版）》（北京：北京師範大學出版社，二〇一九），增訂版序。

著現實，而且還將不斷地「關聯呼應」著未來。在「關聯呼應」式的真理觀中，過去與現在不斷地融為一體，並創造出新的意義。在這裡使用「關聯呼應」（correlated）一詞，只是想強調由歷史定律或寄望歷史重演所得到的解答，不是歷史唯一的功用。

我們不只要從歷史中抽繹出我們今天所關心的問題的可能答案，同時也想了解歷史中的世界與我們今天的世界不同，甚至是如前面所提到的，想從研究歷史中，學會問那些人們早已忘了怎麼問的問題。

人類有很強的衝動：想要一致化、一元化，想要尋找定律，想要極大化自己的基盤來解釋過去與未來。而我個人傾向於發掘多元、競逐的歷史，其中盡可能包括被壓抑的層面。我個人認為歷史研究的結論，雖然不一定可以立即運用到現在，但它們都有助於擴大人類對治亂興衰、成敗倚伏，以及萬象社會的理解。

「關聯呼應」發生的方式非常多樣，它可以是一場講道、演講、背誦、即席表演、引經據典、引史、誦詩。這一類其實是歷史性質的活動，猶如從武器庫中選取一件武器在針對特定打鬥的局面一樣，如對付機槍，不能用弓箭。選對一件武器，即可應對一個境況並傳遞想要傳遞的訊息。義大利國寶級導演貝里尼（Roberto Benigni, 1952-），到處表演即興式背誦但丁神曲的片段加以嘲諷、批評當時義大利的總理，在各種場景與氛圍的運作中，人們得到非常清晰且犀利的政治評論訊息。這是古往今來各種回溯的形式之一，人們以各種方式進行而不自知。在這些演講、引用、誦詩、演戲的過程中，過去與現實的境況成為一個立體的有機連續體，事實與價值合而為一，不必任意扭曲改造，既敘述過去也傳達了現代的訊息，這是人們談論歷史功用或歷史教訓時長期忽略的一種方式。

第五章

歷史是一種擴充心量之學

讀史與「心量」的擴充

研讀歷史有助於增加思考複雜度，以史丹佛大學Sam Wineburg和Daisy Martin教授的《像史家一般閱讀》（*Reading Like a Historian: Teaching Literacy in Middle and High School History Classrooms*）為例，它頗能反映近來歷史教育中將史事複雜化的特色。首先是，極端的脈絡化，用鉅細靡遺的史料將歷史上重要的紀念日（如哥倫布紀念日）、偉大行為（如美國獨立戰爭在列辛頓一役，及林肯的解放黑奴），甚至是「沙塵暴」的歷史，極盡可能地脈絡化以培養歷史性。譬如：一、林肯也可能是一個現代意義的種族主義者，但是林肯相信其〈解放奴隸宣言〉中所宣稱的，所有人一律平等。二、「哥倫布日」不應是一四九二年，而是一八九二年。因為哈里森競選美國總統時，為了爭取美國一向被邊緣化、且被想像成帶有羅馬教廷秘密的天主教徒等移民時，用哥倫布日來賦予這些天主教移民的正當地位，以爭取他們的選票，而不是真的要紀念「偉大」的哥倫布。[1]這些討論所形塑的特色，是歷史人物不如我們想像的那樣偉大，動機那樣單純，或是能像傳統史學有意無意間認為的，意志與行動是聯成一線的，這當然為「師法古人」或「以史為鑑」增添了一定的困難。

歷史是超越（beyond）人類生命限制的，人的生涯有限，但通過歷史知識可以擴充心量、超越現在，從生活環境及條件的限制中解放。現代人因為歷史意識不足，滿眼所見都只是「現在」，很容易把我們所處的這個環境、所看到的東西，當作人類自然而然的東西，也就是把現狀本質化，忽略了人類歷史上其實有過多元、豐富的可能性。人類的經

---

[1] Margaret MacMillan, *The Uses and Abuses of History*, p. 128.

驗並不是只有這一刻才是對的，或是只有這一刻才是最進步、最有價值的，過去可能也有我們可以取法的資源，而且未來也許還會再改變。

前面所說的歷史種種作用，都有助擴充我們的「心量」，然而「心量」是什麼？「心量」的觀念是從佛家來的，譬如《六祖壇經．般若品》中說的「心量廣大，猶如虛空，無有邊畔」即是。

在佛家的觀念中，「心」是一個空間，佛經中經常有「心量廣大」之類的話，其中有大小之別，而得道者心量大。宋明理學承襲「心量」的概念，而且每每用來詮釋先秦思想，如程子解孟子，每每以「心量」大小來講聖人與別的聖人，或聖人與凡人之間的差別。有時他們也用「公」、「私」來講心量，「私」則心量狹小，「公」則心量寬大。朱子曾說：「人之心量本自大，緣私故小。蔽固之極，則可以喪邦矣。」[2]宋明理學中有不少「心量」或擴充「心量」的想像。理學家設想內心的世界可以是一個很大的空間，要用格物窮理的工夫把它填滿、擴充開來。

《朱子語類》中有許多這類的詮釋，朱子說：「是其（周武王）心量該遍，故周流如此，是此義也。」[3]又如「蓋他心量不及聖人之大，故於天下事有包括不盡處。」[4]照朱子的想法，必須窮盡天地萬物之理，而始到達此心之有全容量，故是窮理以盡「心量」，造成由結果來決定本源之現象。陳淳後來發揮朱子理學並編有《北溪字義》這樣的觀念辭典，他說：「此心之量極大，萬理無所不包，萬事無所不統……孔子所以學不厭者，皆所以極盡乎此心無窮之量也。孟子所謂盡心者，須

2 黎靖德編，《朱子語類》第三冊，卷四三，頁一〇九九。

3 黎靖德編，〈易八·咸〉，《朱子語類》卷七二，頁一八二〇。

4 黎靖德編，〈孟子五·滕文公·滕文公為世子章〉，《朱子語類》卷五五，頁一三〇九。

是盡得箇極大無窮之量，無一理一物之或遺，方是真能盡得心。」[5]我想稍微解釋「此心之量極大，萬理無所不包，萬事無所不統」。這句話可以從「心統萬理」的思路出發去理解，所謂「擴充心量」可以理解為心中天生便具有眾理，應如大廳中由千燈組成的吊燈，每窮一理，便開啟其中一盞小燈，讀書窮理，基本上是使得人心原有的各盞燈（眾理）獲得開啟。[6]

朱子說：「道理固是自家本有，如今隔一隔了」、「致知工夫，亦只是且據所已知者玩索推廣將去，具於心者本身無不足也」。但又說：「天下無書不是合讀底。若一個書不讀，這裡便闕此一書之理。」[7]對朱子而言，求知是去隔、去蔽，開顯的工夫，而我則認為人的性分中本有的道理固然很多，但以歷史知識來說，更多的是擴充、積貯的工作。朱子以為所有「理」，都是人性本有的，只是因為「隔」，所以未曾開顯，讀書、格物就是使底片顯影的顯影劑。我則認為讀史一方面是可以

「窮理」，但同時人的內心世界也是一個潛在的、或無限大的空間，裡面有許多小空間，要用知識、經驗去充填，它才會撐開，否則它會皺縮在一起，而這兩者都是擴充心量的工作。

延伸上述的理論，在這裡請容我用一段比喻來闡述「歷史」是擴充「心量」之學。我們的內心像是一卷可以使「萬有」成像的底片（「性即理」），而讀書窮理，包括讀史，是在照相——在底片上曝光留下各種影像。但是一定要在暗房中用藥水沖洗，才會有漂亮的照片。「歷

5　陳淳，《北溪字義》（北京：中華書局，二〇〇九），頁一三。

6　朱子講「心量」時，還有一層用意，認為「心量」像是「志量」，心量大的人有無窮開拓知識的慾望，心量小的人不耐煩，只見得些道理便滿足了。朱子說：「前賢語言寬廣，不若今人急迫，今人見得些道理，便要鐫鑿開卻，正是心量小，不耐煩耳。」張洪等編，《朱子讀書法》，頁一〇二。

7　張洪等編，《朱子讀書法》，頁九四、九三、六五。

史」是擴充「心量」之學，也就等於是我們努力地在「心量」（底片）上積貯古往今來的史事（照相）。最後，這些史事是否形成我們的「同時代性」、成為我們日常生活中的參照架構，還是由我們自己決定（沖洗）。

讀史當然也是「窮理」，在我看來讀史的窮理、盡性便是擴充心量的工作。《東林書院志》中說：「學者要多讀書，讀書多，心量便廣闊，義理便昭明。讀書不多，理便不透，理不透，則心量窒塞矣。吾人心量原是廣闊的，只因讀書少，見識便狹窄。」[8]

我之所以特別用歷史是一種「擴充心量之學」這個表述，是為了強調「心量」中積貯的歷史知識並不必然是以「律則」、「定律」或「重演」的方式使我們從中獲益。現實的情境有無限複雜的變化，即使古今有相似的情境，也不一定能把古代的歷史照著搬到現世來用。故「心量」中的積貯是要經過大腦的吸收轉化之後，再成為生命中有用的一部分。用陳寅恪的話說，這是「在史中求識」。

理學家的心量說傾向於空間上的積貯，而德國的教養學說（bildung）則傾向於人內心中時間性的歷程。「教養」是德文中很重要的一個字，是德國近世思想中非常重要的一頁，有很多人認為「歷史」是「教養」的一部分。我覺得德國史家德羅伊森對這一點的闡發很透澈，他說：「歷史知識有非常實際的功能。這個功能並不在於它能指示具體的行動。它的功能在於，經由擴大人們自我認識的歷史視野，進而提升行為能力，以及開啟更多行動的機會。」[9]他在《歷史知識理論》中有若干關於教養的段落，可以用來說明教養與擴充心量之間的關

8 高隆等輯，〈高景逸先生東林論學語下〉，《東林書院志》卷六，收入趙所生、薛正興主編，《中國歷代書院志》第七冊（南京：江蘇教育出版社，一九九五），頁一三三。

9 德羅伊森著，胡昌智譯，〈引論〉，《歷史知識理論》，頁二二。

係。他說：「體會前人以及重演前人的思想，這種練習泛稱為通人教育（bildung）……通人教育是訓練及發展我們之所以為人的特質。」[10]他的討論中述及「歷程」的觀念，即人生有一個向上提升的精神歷程，而學習歷史即是擴充我們原來所不直接經歷的事，即是歷程中的一種形式。

赫德（J. G. Herder, 1744-1803）是形成「教養」觀念的關鍵人物。他認為每個人都有自我的形象，這是它將來要成為的自己，只要覺得自己尚未成為那個自我形象，他就覺得不滿足。所以，教養的起源是人內在的靈魂、是內在自我的發現，但靈魂的啟悟有賴於外在事件的「引會」——包括歷史的「引會」，才能發現。歷史的探索是通向自我知識（self-knowledge）與實踐智慧（practical wisdom）的道路，學習歷史使人們通曉過去思考事務的方式，而它們也可能復活並引導我們現在的行動。[11]正如萊辛（Lessing）所說：「人類致於至善的那條途徑，實際上每個人都該步入而且走完它。」[12]但是「他們欠缺以心靈經歷往事而得的大倫理資本。因精神的經歷而有的堅定的類型（die festen Typen）並未支配以及充滿它們。記憶並未深入人心；而只有這種記憶才是一切音樂、美術、創作之母。」「人的通性中最基本的，我們已經提到過：是能借著心靈經歷過去的事件，而替自己儲存大量的倫理財產。」[13]讀史是以精神經歷過去的事，而為自己儲存「大量的倫理財產」，以心靈經歷往事而得到「大倫理資本」，而在我看來，這是另一種形式的藉讀史以「擴充心量」。

10 德羅伊森著，胡昌智譯，《歷史知識理論》，頁九九。

11 參見W. H. Bruford, *The German Tradition of Self-Cultivation: 'Bildung' from Humboldt to Thomas Mann* (New York: Cambridge University Press, 1975).

12 德羅伊森著，胡昌智譯，《歷史知識理論》，頁九九。

13 德羅伊森著，胡昌智譯，《歷史知識理論》，頁一〇一。

經由上述的討論可見教養是一種精神歷程，如果用理學的說法，則是「擴充盡才而後盡性的過程」。而歷史是形成「理想自我」過程中的重要資糧。

此外，「教養」也是教人open to reality，我的現實世界可以藉由納入別的事實而得以擴大，歷史幫助我們open to reality，如此則不會任意主觀投射自己的想法（不會像美國前總統小布希政府那樣任意投射自己的想法——堅持伊拉克擁有大規模毀滅性武器，後來卻始終未能找到）。而且「擴充自我」——擴充自覺意識，增進認知複雜度，增加眼界、氣勢——或因為讀史而得到一種理性能力，能對事情的來龍去脈，乃至相續的因果關係能有深切的把握。

教養、見識是一種資產、是一種本領。譬如庚子義和團事變中，慈禧與端王載漪想利用義和團力量對付列強，準備攻打各國使館。當時因上疏強烈反對而被慈禧斬殺的袁昶，即因讀過幾本一八六〇年代與英人交涉的歷史，所以能有與外交涉的開明見識。[14]一個人在現實生活中的種種抉擇往往都是由教養或心量決定的，而在關鍵時刻，憑藉「教養」、「心量」所形成的一個小小抉擇往往決定了後來重大的結局。二次大戰時，美軍選擇轟炸日本本土的地點時，因其中的一位決策者讀過有關日本歷史的書，知道京都是日本的古都有許多古蹟，所以主張不能炸京都，這件事對後來形成了極為關鍵的影響。

美國名將李奇威即曾說，偉人自傳與戰史是一宗最大的資糧：「人們靠自己擁有的個人經驗十分有限，所以你必須依靠外人的經驗。」[15]已經有不少人從他們的人生經歷中，提出閱讀歷史是在心中積貯、擴大自我，使我們得到原先局限於個人生命經驗所不可得的看法。

14 袁昶撰，戴海斌整理，《袁昶庚子日記二種》（上海：上海古籍出版社，二〇二〇）。

15 艾德格．普伊爾著，陳勁甫譯，《為將之道》，頁一九四。

接著我要依序從「志量」、「整存零付」、「深度」等角度進一步討論讀史以「擴充心量」這個宗旨。

「志量」不是天生的，「志量」也是由各種知識、見聞、典型人物、時代的刺激等而形成，所以「心量」可以造成「志量」。正如章太炎所說：「大抵人之志量，不皆天成，率由見聞戟刺，情不自已，然後發為志願，見諸施行。」[16]章氏舉民初旋起旋滅的軍閥、政客為例，認為這些人「志量」不足，所以旋起旋滅，他說：「察其病因，皆由近人不習歷史，小智自私，小器自滿，背逆形便，而不知違反人情而不顧，故一國無長可倚賴之人也。」[17]章太炎觀察民初許許多多乍起乍落的政治人物，認為他們就像是只憑天生聰明在下圍棋的人，「心量」不足、縱深不夠，沒有古今成敗在胸中，也沒有古今許許多多的史事來到心上，所以心量太淺，志量亦不深。加上革命太快成功，沒有機會磨練其心志，他說如果清末革命能晚兩、三年成功，則革命人物心量更深，對國家發展更好。歷史是培養「志量」很重要的資本，譬如明太祖崇拜漢高祖，喜讀《漢書》，所以志量廣大，故能接受「廣積糧，緩稱王」的建議。

前面已經提到，人是有限的存在，歷史提供人們擴充其視野的各種資糧，並藉著心量中的積貯點發生命中的各種可能性，帶我們經歷我們所不可能經歷的事。從形形色色的歷史現象中，去發現人的本質並發掘自己已覺知的潛力。

「擴充心量」也是一個「整存零付」的工作，心量中的積貯在遇到某些情境時會流溢出來，使得歷史知識與個人的環境相合，並與我們的意識滾成一個雪球發揮作用。我個人認為，古人對「整存零付」的觀念

16 章太炎，《章太炎全集》，《講演集》上，頁二六九。

17 章太炎，《章太炎全集》，《講演集》上，頁二七〇。

已經有相當的認識。《程氏家塾讀書分年日程》中要求學子在很短的時間內，大致是十五歲之前讀誦經書，[18]此後學子終生可以從這筆儲蓄中生「利息」。用今天的話說，便是「整存零付」的思維——是儘量在一定時間內將心量擴充到一個程度，然後一生玩味、涵泳，不斷地領取「利息」。也就是說知識不只是可以應付手頭上的支用，同時也是要積貯於心中，不斷反思，組合許多面向形成一個縱深，然後如涓流般不斷靠它的利息來生活。

這也好像一個高明的棋手不只靠著天生的聰明，同時也不停地揣度記誦有名的「棋譜」，從中學到許多好的手筋和定式、學習一流棋士是如何判讀局勢的。「打譜」則是盡可能去理解高手在對弈時的用意。一個人若只憑聰明下棋，當然也行，但若能熟讀古往今來著名的棋譜，不停「擴充心量」，就成了他在遇到困難時可運用的資源。曹操（一五五—二二〇）誇說因為自己經歷的事很多，故能預知應變，但「人事萬變，豈能悉經？讀史則事變紛紜，比例昭著」[19]。熟讀歷史則可以經歷許多自己所不可能親歷之事，就猶如圍棋家熟記棋譜，有了這些「積貯」，像是熟悉或背誦許多棋譜後，可以有機會活用到棋局之中，培養自己能適當地回應往復出現的棋局，此外也幫助掌握未可預見的，充滿不確定性的棋局，用清初學者方中履（一六三四—一六九二）的話說，這便是「坐集千古之學，折中其間」。[20]

最後我要談「心量」與「深度」的關係。在這裡我要用威廉・詹姆斯（William James, 1842-1910）談「深度」的觀念來闡發擴充「心

---

18 程瑞禮撰，姜漢椿校註，《程氏家塾讀書分年日程》（合肥：黃山書社，一九九二），頁四〇。

19 柳詒徵，《國史要義》，〈史術第九〉，頁三〇六。

20 方中履，〈凡例〉，《古今釋疑》，收入《續修四庫全書》第一一四五冊（上海：上海古籍出版社，一九九七），頁一a—一b，總頁二四。

量」之重要。威廉．詹姆斯說，所謂「深度」是「一把能抓住多少的東西」。在今天，所謂的「深度」，有各種表現的形式，在川流不息的數位訊息世界中，所謂「深度」顯得更成問題。當面對難以計數的訊息、知識、材料時，我們能一把抓住、吸收多少，決定於我們的「心量」深淺。譬如有些科學家發現了某一重要現象，可是因為他內心的「心量」準備不足，所以對他而言，這只是一個新的現象；但對「心量」足的人而言，可以從這個新的現象進而發掘出一整個新的世界。

以史學研究為例子，在這個史料反掌可得的時代，有了可檢索的歷史文獻電子資料庫，只要輸入任何詞彙、概念，即可以在瞬間檢索到幾萬卷書中的相關訊息，爬梳史料變得不再曠日費時，這個時候「深度」變得更為關鍵，有「深度」的知識積貯才能做出適當的判斷與掌握。「心量」寬、積貯多的人，在「看到相關的蛛絲馬跡，則一把抓住的東西」，比沒有深度的人能抓住更多。譬如我讀傅斯年的眉批，可以從中抓取許多具有學術意義的訊息，這是因為我長期注意傅斯年個人及其著作，有了一定的蓄積及深度。對許多沒有這種舊積貯的人，即使非常聰明、靈敏，在面對一條條零散的眉批時，也可能茫茫然不知所措。

沒有「深度」的生活是怎樣呢？

在一九七〇年代，Oscar Lewis在〈貧窮的文化〉中提到：所謂「貧窮文化」是from moment to moment。[21]我的理解是因其內心中沒有生命的深度、心量不足，只能從「某刻」到「某刻」，在那一刻之外沒有任何時空之關聯與想像。這包括過去、現在、未來的聯繫感。

21 Oscar Lewis, "The Culture of Poverty," *Scientific American* Vol. 215, No. 4 (October 1966), pp. 19-25.

試著從歷史中獲得智慧與勇氣

蘇洵在他的〈史論中〉說，當一個歷史人物有「功十而過一」時，寫史者為了使歷史書寫發揮鑑戒的作用，應該隱諱那一過。如果一個人「過十而功一」，要強調那一功而忽略十過，即所謂「直而寬」。[22] 年逾六旬的我，固然反對為了發揮道德教訓，歷史研究應該像蘇洵所說的「功十而過一」或「過一而功十」，但是我也不再完全同意胡適所說的，歷史是一回事，道德是一回事，政治是一回事了。我個人傾向於認為，研究歷史的人應該想想歷史之真實為現實服務的面向，以及通過歷史書及史事中的得失成敗，以知「道」或「普遍倫理」是不是在發揮作用。如果是，那麼為什麼？如果不是又是為什麼？我個人認為讀史應同時懷抱人類普遍性的、長遠性的道德價值，它們兩者應該是兩座貯水塘，中間有一個通道互相灌溉。或是如黃侃講中國經學的價值：「然經書文采不必盡善，制度不必盡備，史事不必盡詳。故治經者，不可以史事求之，不可以制度求之，不可以文采求之。惟經有制度，其制度可考；經有文采，其文采可法；經有史事，其史事可信耳。」[23]也就是說，如果可以從歷史看出倫理，那麼它是有倫理意涵的；如果看得出通則，那麼它是有通則的，但不能說歷史即倫理，歷史即科學，也就是這些是內涵的，不是外加的。

不但義理與歷史是兩座互相灌溉的水庫，「古」「今」之間也應是兩座互相注水的水塘。「古」與「今」之間，不只是從古代傳遞下來的

22 蘇洵，〈史論中〉，曾棗莊、金成禮箋注，《嘉祐集箋注》，頁二三二—二三三。

23 尚笏、陸恩湧，〈季剛師得病始末〉，程千帆、唐文編，《量守廬學記——黃侃的生平和學術》（北京：生活・讀書・新知三聯書店，二〇〇六），頁九四。

歷史與教訓，也不只是現代人對歷史的闡釋（或甚至是虛構）。古與今應該像兩座貯水池之間互相注水，是關聯呼應的。

長期以來，許多熱愛知識的人便在「學問的」或「受用的」之間無所適從。以文藝復興時期為例，Grafton便注意到，當時歷史有兩派：一派是像西塞羅所說的是「歷史作為生命的導師」（History Magistra Vitae），另一派卻認為要從事嚴格的歷史考證與歷史重建，當時人文學者對後者推進甚多。這兩條路有協作的可能嗎？格拉夫頓認為當時有一些人文學者，便是「協作」式的，在同一個人的著作中，一方面是歷史考證的，另一面是修辭學的（rhetoric），或「說服學」的。如果讀史是為了「擴充心量」，那麼「學問的」與「受用的」之間的矛盾並不那麼巨大。

我經常被問到，在Google等搜索引擎這麼發達的時代，許多史事都可以在網路上一查而得，那麼為什麼還要讀史？我個人以為用關鍵詞查詢是片段的，而讀史是較成系統、是有機的，兩者都不可或缺，但是為何知道要問「谷歌大神」某一件事，也還是要靠人們由平常閱讀所獲的歷史知識。如果歷史成為心量中的積貯（Google、USB也是這些積貯的一部分），那麼人們便有一些本源的知識去做進一步的引申。作為一個閱讀者，人們應秉持一些信念，即期待從歷史中重新獲得意義、智慧與勇氣。譬如觀察文明的興衰，以及它們的力量。

布克哈特在一八八五年的一封信中便寫道：「通過不斷地體驗美好和偉大的往事，我們的整個精神世界能夠處在安詳和幸福的狀態中。」[24]除了在偉大的、美好的往事中，安頓我們的精神世界外，我們也在歷史中為我們的根源感、存在感、認同感找到資源，為個人生命、

24 Jacob Burckhardt，金壽福譯，《世界歷史沉思錄》（北京：北京大學出版社，二〇〇七），該信是John Rüsen所寫的序言中引用的。

大大小小的社群存在找到意義感與座標感。讀史為我們提供了一些視野，一些嚮往，一些模糊的典型或場景，以及人生的、精神的、氣氛的、態度的、品格的莫大的資糧。

我覺得所謂「從史中求史識」，包括人類用自己的努力，在歷史的變化中找出人類發揮智慧與勇氣而改變歷史格局的部分。湯恩比在《歷史研究》第十七章中談到許多文明是「具創造性的少數」經歷過悲慘困頓的「撤離」之後，又重新「復返」在歷史舞臺上發光發熱。以耶穌、聖保羅、佛祖、穆罕默德、馬基維利、但丁等許多人為例，用他的話說，在這些神秘心靈、聖德、政治家、戰士、史家、哲學家、詩人身上，皆可看到「退離與復返」之史例，也可以在國家、教會的歷史中看到這方面的過程。他說「退離」是一個機會、必要的條件。[25]我從這些實例中看到一些經由「引退」，在挑戰、隱藏與秘密中組建自己，後來又回到舞臺上發揮極大動能及影響的例子，從中看到歷史中的積極的力量。從歷史中我們看到文明經常掉入「一堆狗屎」中，但又可以靠著人的智慧與勇氣，把它從「狗屎堆」中救出。五代十國時，輕視文化，唯武是尚，有些武將甚至到了好食人肉、而且不吃人肉會嘴饞的程度，史書中說連宋學前驅柳開早年也好吃炙人肝，即是顯例。但後來卻又藉著什麼樣的努力逐步扭轉這些惡風，成為宋代的文治政府？曾國藩如果不是經過岳州、九江、祁門三次挫折，後來如何能克復南京？義大利建國三傑之所以能振興國運，轉危為安，亦為屢經挫折之故。孫中山的十次革命，愈挫愈勇，也是一個很好的例子。

我們固然可從歷史中看到人性可怕的一面（如瘋狂追隨希特勒反猶太人）；但也看到人的無限可能性，不斷地從似乎再也沒有黎明的絕望中看到人們最終又復返希望。像第二次世界大戰，整個歐洲幾乎全部都

---

25 Arnold Joseph Toynbee, *A Study of History* (New York : Oxford University Press, 1987), Ch17.

要消滅在納粹的鐵蹄下，但後來盟軍卻又能翻轉局勢，取得勝利。已經殘破不堪的德國、日本，人們認為它們恐怕再也站不起來，可是在戰後竟浴火重生成為新的強國。

歷史上有許許多多的失敗，但有些人善處失敗而又得到人生的黎明？我讀孫廷銓《漢史臆》這一本冷僻的書，注意到他講項羽之「常勝」及漢高祖之「善敗」一段，印象特別深刻。我們知道楚漢相爭的結局不是「常勝」的人得天下，而是「善敗」的人收割了成功的果實，這其中有許多曲折，但這樣的歷史意味不是很深長嗎？閱讀美國內戰時期，林肯、格蘭特及二次世界大戰時期的馬歇爾、艾森豪的傳記等，發現這些人物都有一個共同點，在他們得到機會施展才華之前，都度過沒沒無聞、甚至失敗消沉的歲月。可是一旦機會來了，他們都在短短幾年之間登上整個國家甚至全世界的頂峰，左右著人類的命運。這一類的歷史給了我們一種教訓，也給我們一種勇氣。不能總用勝利者的角度去看歷史，也要試著從失敗者的角度出發，否則很可能會重蹈覆轍。人在過於志得意滿時往往會出現問題，曾國藩稱自己的書房為「求闕齋」，即是針對這類現象而發。求闕或從可能最壞的角度進行思考，也有可能對歷史的形成有更好的把握。以開放的心態與眼光容納各種狀況，才可以準確判斷各種趨勢，唯我獨尊的勢頭及心態，是走向沒落的標誌，盛極而衰，或者是未曾注意的隱藏危機，這幾乎是歷久彌新的歷史教訓。

近來，我常在玩味史家呂思勉先生的一句話：「讀了歷史，才知道人類社會有進化的道理。」[26]哈佛大學心理學教授Steven Pinker在他的*Enlightenment Now: the Case for Reason, Science, Humanity and Progress*中透過大量的分析，試著證明人類著實在往好的方面走。如果把當下與啟蒙運動之前幾百年相比，可以發現全球各地平均壽命、嬰兒

---

26 呂思勉，《史學四種》（上海：上海人民出版社，一九八一），頁四四。

死亡率、產婦死亡率、平均財富、生存威脅、平權等都是遠勝於前。[27]我並不完全同意Pinker的看法，但大體仍相信人類有向著人性中比較美好的一面發展的傾向。歷史可以幫助我們樹立希望，知道有道德的人經常能夠克服困難或障礙，知道腐敗政治終究要垮台。當事情可以有許多選擇時，應該選擇符合人道及普遍價值的方向。[28]讀史、用史時應該時時自問，應如何在抉擇與行動中落實人性中比較美好的一面。

馬基維里的《君王論》中提到，對於戰敗國可以有三種處置。第一種是徹底毀滅它，像羅馬對迦太基的做法；第二種是戰勝者常駐在新領地上實行統治；第三種是將政權交給當地少數菁英，可以使所有居民成為朋友，引用當地法律嚴加治理，並規定按時朝貢。[29]歷史中人們每每以不同方式處理這類事情。譬如蘇聯的Mikhail Skobelev以鎮壓土庫曼而聞名，他便援用第一種辦法，學習古羅馬對迦太基的處置辦法。他有一句名言：「和平的時間長短，決定於屠殺敵人厲害的程度。殺得愈凶，得到平靜的時間愈長。」[30]這不是一個希望從歷史中獲得智慧與勇氣的人所應該嚮往的。當然，人類也可能採用完全與這三種不相同的處置辦法，第一次世界大戰之後，對德國的處置，既不是第一種，也不是第二、第三種，而是羞辱，及無法承受的賠款，其結果是納粹的崛起。

當然「歷史的思考」中還包括教導我們人的行為有其重大的限制：由歷史了解到人不可能想做什麼就做什麼，也就是說人的思想與意志往

27 Steven Pinker, *Enlightenment Now: the case for Reason, Science, Humanism, and Progress* (New York: Penguin Random House LLC, 2018) .

28 以清季陝甘回變為例，其規模之大，互相屠殺之慘，簡直不可思議。關於這個事變的原因與經過非常複雜，但在若干重要時刻，官方不恤下情，堅持要逼回民無路可走也是原因之一。

29 Niccolò Machiavelli, *The Prince* (London: Penguin Group, 1999), pp. 8-11, 14-15.

30 Colin S. Gray, “Clausewitz, History, and the Future Strategic Word” in Williamson Murray, Richard H. Sinnreich eds., *The Past as Prologue: The Importance of History to the Military Profession*, p. 114.

往不能完全脫離現實環境的制約。認識到人不可能完全按照他的意志在他自己構作的烏托邦中任意行動，正是「歷史思考」的重要部分。而且從史事中認識到歷史經常是不完全合理、乖舛的，如玄武門之變中殺兄弒弟的惡人後來居然成為一代英主——唐太宗。

容我隨手引一本《安越堂外集》中一位丁雪符的話，他說歷史上許多大事都是壞人做成的，改封建為郡縣的是秦始皇；韻書始於賣國弒君之沈約；進士制度始於「弒父淫母」的隋煬帝（楊廣）；殿試始於「淫殺」之武曌；刻書始於「無恥之長樂老」的馮道。[31]歷史不一定是按人類的道德理念或規律發展，這個赤裸裸的事實，當然也是歷史思維的一環。此外，歷史發展過程中還有許多偶然、隨機、手忙腳亂的部分。歷史學家每每把脈絡梳理得太井井有條、太清楚，認識這一層也是「歷史思考」的一個要點。

我個人傾向於認為面對歷史時，應該讓人們自主、抒發，讓人們進行多元化的歷史書寫、同時在人群之間尋求了解與和解的可能性（譬如歷史上長期互相對立的國家，應該交換閱讀、審視對方的歷史課本）。晚清民初有一些思想家認為，當時世界最強的國家是有民主有議會的國家。為什麼？因為這些體制讓人們的意見得以表達出來，得以集各種人的聰明才智成為國家的力量。《聖經》裡有一句話：「真理使人得自由」（約翰福音八：三二），我反對政府用權力壟斷歷史，用國家的力量操弄歷史，一旦真相暴露，對政權反而會非常不利。

且讓我再回到前面所說的，「歷史」與「義理」應該像兩個上方有著通孔的貯水槽，兩者都要足夠豐盈才可能互相灌注、互相滋養，這也是前面提到的大「出」「入」的道理。要「入」而有豐富的歷史，

31 平步青，《安越堂外集》，收於《清代詩文彙編》第七二〇冊（上海：上海古籍出版社，二〇一〇），頁四一二。

「出」而與「義理」互相流注。而我傾向於認為在「歷史」旁邊的這個「義理」的貯水槽是對自由、民主、人權、平等、良善、包容等道理的深刻體認。

歷史是一種擴充「心量」之學、是一種擴充「志量」之學。「心量」包括許多：law、pattern、individual fact等，多讀歷史、善加思考，則很多的law、pattern 每每自然呈現出來，但它們是「可以有」，而不是「一定有」。歷史是培養見識之學，見識也是一種本領。歷史是一種生命存在之學，它提醒我們時時問自己「從哪裡來，到哪裡去」。歷史是一種擴大人生視野之學；人的生活有限，史書中的世界可以幫助我們跨越個人生命與經驗的局限，擴大我們的視界。歷史是一種教養（bildung）之學、是一種培養「深度」之學。歷史是一種培養「長程視野」之學，而「長程視野」每每能幫助人們發現許多問題的根本癥結。歷史是一種培養「認知複雜度」之學，而認知複雜度使我們不致掉入簡化或迷執的陷阱。歷史是一種樂趣之學，「樂趣」使我們不只有「生存」，而且還有「生活」。前面所提到的，不管是長程的視野，認知的複雜度的培養、歷史彷彿性的尋求，甚至某種pattern、law的領會，基本上是要自己去努力尋求的。「在史中求史識」，這個「求」的工作是自己要去做的，正如奧古斯丁所說：「我在田中辛勤勞作，田地就是我自己」，讀史便是在田中辛勤勞作，而田地便是我們自己。

最後，我要再重複一下前面所說的，讀史本身即是一個人生充實感、滿足感、歡樂感的來源。希臘化時代的伊比鳩魯學派相傳一段話：人生是一場宴席，重要的是走的時候吃飽了嗎？人生這一場盛宴，在最後一刻倒不一定是要肚皮鼓脹，而是是否吃得心滿意足。我個人倒是更想這樣問：「當人生的宴席結束時，我們吃了多少而去？」[32]

32 三十年前，史語所的管東貴先生告訴我，他之所以決定學習歷史，是因早年在一旅館中住宿，見到櫃檯的登記簿上有「從哪裡來？到何處去？」這兩行字，而這便是歷史。

歷史是擴充心量之學

2024年9月初版
定價：新臺幣350元

著者	王汎森
叢書主編	沙淑芬
內文排版	菩薩蠻
校對	吳美滿
封面設計	劉耘桑

出版者	聯經出版事業股份有限公司
地址	新北市汐止區大同路一段369號1樓
叢書主編電話	(02)86925588轉5310
台北聯經書房	台北市新生南路三段94號
電話	(02)23620308
郵政劃撥帳戶第	0100559-3號
郵撥電話	(02)23620308
印刷者	文聯彩色製版印刷有限公司
總經銷	聯合發行股份有限公司
發行所	新北市新店區寶橋路235巷6弄6號2樓
電話	(02)29178022

編務總監	陳逸華
總編輯	涂豐恩
總經理	陳芝宇
社長	羅國俊
發行人	林載爵

行政院新聞局出版事業登記證局版臺業字第0130號

本書如有缺頁，破損，倒裝請寄回台北聯經書房更換。
ISBN 978-957-08-7393- 1 (平裝)
聯經網址：www.linkingbooks.com.tw
電子信箱：linking@udngroup.com

國家圖書館出版品預行編目資料

歷史是擴充心量之學/王汎森著．初版．新北市．聯經．
2024年9月．244面．14.8×21公分
ISBN 978-957-08-7393-1（平裝）

1.CST：史學

601　　113001782